KB145383

나의
하루 1줄

스페인어

쓰 · 기 · 수 · 첩

¡HOLA! YESSI

☑ 기초문장 100

시대인

66 외국어는
매일의 습관입니다. 99

나의 하루 1줄 스페인어 쓰·기·수·첩

✓ 기초문장 100

매일 한 줄 쓰기의 힘

여러분,
한꺼번에 수십 개의 단어와 문장을 외웠다가
나중에 몽땅 까먹고 다시 공부하는
악순환을 반복하고 싶으신가요?

아니면 하루 1문장씩이라도
확실히 익히고, 직접 반복해서 써보며
온전한 내 것으로 만들어
까먹지 않고 제대로 써먹고 싶으신가요?

스페인어 '공부'가 아닌
스페인어 '습관'을 들이세요.

많은 사람들이 외국어를 공부할 때, 자신이 마치 내용을 한 번 입력하기만 하면
죽을 때까지 그걸 기억할 수 있는 기계인 것마냥 문법 지식과 단어를
머릿속에 최대한 많이 넣으려고 하는 경향이 있습니다.
하지만 이 공부법의 문제는? 바로 우리는 기계가 아닌 '인간'이기 때문에
한꺼번에 많은 내용을 머릿속에 우겨 넣어 봐야 그때 그 순간만 기억할 뿐
시간이 지나면 거의 다 '까먹는다는 것'입니다.

'한꺼번에 많이'보다
'매일매일 꾸준히' 하세요.

까먹지 않고 내 머릿속에 오래도록 각인을 시키려면,
우리의 뇌가 소화할 수 있는 만큼만 이를 최대한 '반복'해야 합니다.
한 번에 여러 문장을 외웠다 며칠 지나 다 까먹는 악순환을 벗어나,
한 번에 한 문장씩 여러 번 반복하고 직접 써 보는 노력을 통해
스페인어를 진짜 내 것으로 만드는 것이 제대로 된 방법입니다.

어느새 스페인어는
'나의 일부'가 되어있을 겁니다.

자, 이젠 과도한 욕심으로 작심삼일로 끝나는 외국어 공부 패턴을 벗어나,
진짜 제대로 된 방법으로 스페인어를 공부해 보는 건 어떨까요?

쓰기 수첩 활용법

> ## Soy Pablo.
>
> 나는 빠블로야.

①

① ser 동사는 '주어는 어떤 것(사람)이다'라고 말할 때 사용합니다.

주어	ser (~이다)
yo	soy

Lección 1에서 배웠던 '-ar, -er, -ir' 동
사들은 주어별로 일정한 규칙에 따라 어미가

② yo+ser+Pablo → Soy Pablo. = 나는 빠블로야.

MP3 듣고 따라 말하며 세 번씩 써보기	🎧 mp3 035
①	
②	
③	

②

응용해서 써본 후 MP3 듣고 따라 말하기	🎧 mp3 036

① 너는 뻬드로니?

→

② 그녀는 알리씨아야.

→

③

① ¿Eres Pedro?

② Ella es Alicia.

1 하루 1문장씩 제대로 머릿속에 각인시키기

스페인어 핵심 어법이 녹아 있는 문장을 하루 1개씩, 총 100개 문장을 차근 차근 익혀 나가도록 합니다. 각 문장 1개를 통해 일상생활 필수 표현 및 핵심 문형 1개 & 새로운 어휘 2~3개를 함께 익힐 수 있습니다.

2 그날그날 배운 문장 1개 반복해서 써보기

그날그날 배운 문장 1개를 수첩에 반복해서 써 보도록 합니다.. 문장을 다 써 본 후엔 원어 민이 직접 문장을 읽고 녹음한 MP3 파일을 듣고 따라 말하며 발음까지 확실히 내 것으로 만들도록 합니다.

3 배운 문장을 활용해 새로운 문장 응용해서 써보기

그날그날 배우고 써 봤던 스페인어 문형에 다른 어휘들을 집어 넣어 '응용 문장 2개' 정도를 더 써 보도록 합니다. 이렇게 함으로써 그날 배운 스페인어 문형은 완벽한 내 것이 될 수 있습니다.

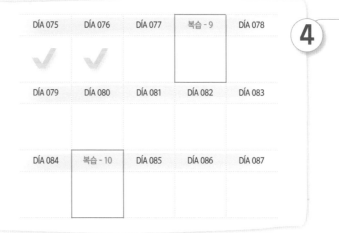

DÍA 075	DÍA 076	DÍA 077	복습 - 9	DÍA 078
✓	✓			
DÍA 079	DÍA 080	DÍA 081	DÍA 082	DÍA 083
DÍA 084	복습 - 10	DÍA 085	DÍA 086	DÍA 087

4

5

기초문장 100   중급문장 100   고급문장 100

본 교재는 '기초문장 100'에 해당합니다.

4 매일매일 쓰기를 확실히 끝냈는지 스스로 체크하기

외국어 공부가 작심삼일이 되는 이유 중 하나는 바로 스스로를 엄격히 체크 하지 않아서입니다. 매일 쓰기 훈련을 끝마친 후엔 체크 일자에 학습 완료 체크 표시를 하며 쓰기 습관이 느슨해 지지 않도록 합니다.

5 '기초–중급–고급'의 체계적인 단계별 쓰기 훈련

나의 하루 1줄 스페인어 쓰기 수첩은 '기초–중급–고급'으로 구성되어 있어 수준을 단계적으로 높여 가며 스페인어를 마스터할 수 있습니다.

기초문장 **100**	기초문장 100개를 쓰고 익히며 스페인어의 기본 문장 구조 파악 및 기초 표현 학습
중급문장 **100**	중급문장 100개를 쓰고 익히며 다양한 시제 및 중급 레벨의 어법/표현 학습
고급문장 **100**	기초 및 중급을 기반으로 좀 더 길고 풍성한 고급문장 100개를 써 보며 실력 다지기

쓰기 수첩 목차

나의쓰기 체크일지

본격적인 '나의 하루 1줄 스페인어 쓰기' 학습을 시작하기에 앞서, 수첩을 활용하여 공부를 진행하는 방법 및 '나의 쓰기 체크 일지' 활용 방법을 안내해 드리도록 하겠습니다. 꼭! 읽고 학습을 진행하시기 바랍니다.

✓ 공부 방법

① 'DÍA 1'마다 핵심 스페인어 문형 및 문장 1개를 학습합니다.

② 배운 문장 1개를 MP3를 듣고 따라 말하며 3번씩 써 봅니다.

③ 배운 문장 구조를 응용하여 다른 문장 두 개를 작문해 본 다음 MP3를 듣고 따라 말해 봅니다.

④ 또한 Lección 하나가 끝날 때마다 복습 및 작문 테스트를 치러 보며 자신의 스페인어 실력을 점검해 봅니다.

⑤ 이 같이 학습을 진행해 나가면서, '나의 쓰기 체크 일지'에 학습을 제대로 완료했는지 체크(V) 표시를 하도록 합니다.

		INTRO	DÍA 001	DÍA 002
▶▶▶ START				
DÍA 003	DÍA 004	DÍA 005	DÍA 006	DÍA 007

DÍA 008	DÍA 009	DÍA 010	복습 - 1	DÍA 011
DÍA 012	DÍA 013	DÍA 014	DÍA 015	DÍA 016
DÍA 017	DÍA 018	복습 - 2	DÍA 019	DÍA 020
DÍA 021	DÍA 022	DÍA 023	DÍA 024	DÍA 025
DÍA 026	DÍA 027	복습 - 3	DÍA 028	DÍA 029
DÍA 030	DÍA 031	DÍA 032	DÍA 033	복습 - 4
DÍA 034	DÍA 035	DÍA 036	DÍA 037	DÍA 038

DÍA 039	DÍA 040	DÍA 041	DÍA 042	DÍA 043
복습 - 5	DÍA 044	DÍA 045	DÍA 046	DÍA 047
DÍA 048	DÍA 049	DÍA 050	DÍA 051	DÍA 052
DÍA 053	복습 - 6	DÍA 054	DÍA 055	DÍA 056
DÍA 057	DÍA 058	DÍA 059	DÍA 060	복습 - 7
DÍA 061	DÍA 062	DÍA 063	DÍA 064	DÍA 065
DÍA 066	복습 - 8	DÍA 067	DÍA 068	DÍA 069

DÍA 070	DÍA 071	DÍA 072	DÍA 073	DÍA 074
DÍA 075	DÍA 076	DÍA 077	복습 - 9	DÍA 078
DÍA 079	DÍA 080	DÍA 081	DÍA 082	DÍA 083
DÍA 084	복습 - 10	DÍA 085	DÍA 086	DÍA 087
DÍA 088	DÍA 089	DÍA 090	DÍA 091	DÍA 092
DÍA 093	DÍA 094	복습 - 11	DÍA 095	DÍA 096
DÍA 097	DÍA 098	DÍA 099	DÍA 100	복습 - 12

나의 다짐

다짐합니다.

나는 "나의 하루 한 줄 스페인어 쓰기 수첩"을

언제 어디서나 휴대하고 다니며

하루 한 문장씩 꾸준히 포기하지 않고

열심히 쓸 것을 다짐합니다.

만약 하루에 한 문장씩 쓰기로 다짐한

이 간단한 약속조차 지키지 못해

다시금 작심삼일이 될 경우,

이는 내 자신의 의지가 이 작은 것도 못 해내는

부끄러운 사람이란 것을 입증하는 것임을 알고,

따라서 내 스스로에게 부끄럽지 않도록

이 쓰기 수첩을 끝까지 쓸 것을

내 자신에게 굳건히 다짐합니다.

_____ 년 _____ 월 _____ 일

이름: _____

INTRODUCCIÓN

학습 시작 전 몸풀기

본격적으로 학습을 시작하기 전
스페인어의 알파벳과 발음, 그리고
기본적인 특징에 대해 알아 봅시다.

① 스페인어는 27개의 알파벳으로 쓰고 말해요.

② 스페인어엔 5개의 모음이 있어요.

③ 꼭 알아 둬야 할 스페인어 발음

④ 스페인어 기초 표현 & 숫자 읽어 보기

⑤ 스페인어로 '사람' 지칭해서 말하기

⑥ 스페인어 명사엔 '성/수'가 있어요.

⑦ 스페인어엔 '(부)정관사'가 있어요.

A ~ Z

스페인어는 27개의 알파벳으로 적고 말해요.

스페인어의 알파벳은 총 27개이며, 영어에는 존재하지 않는 'Ñ(ñ)'이라는 알파벳이 포함되어 있습니다. 참고로 스페인어엔 [ㄲ, ㄸ, ㅃ, ㅆ]와 같은 된소리가 많습니다.

🎧 mp3 001

A a	B b	C c	D d	E e	F f
아	베	쎄	데	에	에페
G g	H h	I i	J j	K k	L l
헤	아체	이	호따	까	엘레
M m	N n	Ñ ñ	O o	P p	Q q
에메	에네	에네	오	뻬	꾸
R r	S s	T t	U u	V v	W w
에르레	에쎄	떼	우	우베	우베 도블레
X x	Y y	Z z	① F(f)는 영어의 F(f) 발음과 동일		
에끼스	예 (이 그리에가)	쎄따	② H(h)는 묵음(발음되지 않음) ③ K(k), W(w)는 외래어 표기 시 사용 ④ V(v)는 영어의 B(b) 발음과 동일		

a, e, i, o, u

스페인어엔 5개의 모음이 있어요.

스페인어엔 아래와 같이 총 5개의 모음이 있는데, 이 모음들은 단어 내 어떤 위치에 오더라도 항상 같은 발음이 유지됩니다. 따라서 스페인어는 읽는 방법이 아주 쉽습니다.

a [아]   e [에]   i [이]   o [오]   u [우]

그리고 스페인어 단어엔 '강세'가 있기 때문에 특정 모음을 강하게 읽어야 합니다. 강세 규칙은 크게 아래와 같이 4가지로 정리해 볼 수 있습니다.

🎧 mp3 002

1	모음이나 자음 'n, s'로 끝나는 단어는 끝에서 두 번째 모음에 강세를 줍니다.
	domingo (일요일) nube (구름) vasos (컵들)
2	'n, s'를 제외한 자음으로 끝나는 단어는 마지막 모음에 강세를 줍니다.
	Madrid (마드리드) comer (먹다) español (스페인어)
3	5개의 모음은 '강모음(a/e/o), 약모음(i/u)'으로 구분되며, '강모음+강모음'이 들어간 단어는 각각 독립된 모음으로 간주한 뒤 강세를 주며, '강모음+약모음, 약모음+강모음'일 땐 강모음에 강세를, '약모음+약모음'일 땐 뒷 모음에 강세를 줍니다.
	deseo (소망) tiempo (시간) reina (여왕) Suiza (스위스)
4	강세 부호(')가 찍혀 있는 단어는 그 모음을 강하게 발음하면 됩니다.
	Seúl (서울) México (멕시코)

③

España (에스빠'냐'가 아니라 '냐'!)

꼭 알아 둬야 할 스페인어 발음

① C(c) [쎄] : C(c)는 뒤에 나오는 모음에 따라 발음이 달라집니다.

🎧 mp3 003

뒤에 'a/o/u'가 올 땐 [ㄲ] 발음			뒤에 'e/i'가 올 땐 [ㅆ] 발음	
ca [까]	co [꼬]	cu [꾸]	ce [쎄]	ci [씨]
cabeza	corona	Cuba	cerveza	ciudad
[까베싸]	[꼬로나]	[꾸바]	[쎄르베싸]	[씨우닫]
머리	왕관	쿠바	맥주	도시

* ce/ci의 경우 스페인에선 보통 [θ]로, 중남미에선 [s]로 발음하며, C(c)가 H(h)와 만나 'ch'
가 되면 [ㅊ]로 발음됩니다. (ex) leche [레체] 우유 / Chile [칠레] 칠레

② G(g) [헤] : G(g)는 뒤에 나오는 모음에 따라 발음이 달라집니다.

🎧 mp3 004

뒤에 'a/o/u'가 올 땐 [ㄱ] 발음			뒤에 'e/i'가 올 땐 [ㅎ] 발음	
ga [가]	go [고]	gu [구]	ge [헤]	gi [히]
Galicia	amigo	agua	gente	girasol
[갈리씨아]	[아미고]	[아구아]	[헨떼]	[히라쏠]
갈리시아	친구	물	사람들	해바라기

* 'J(j) [호따], ge [헤], gi [히]'는 한국어의 [ㅎ]와는 다르게 목구멍이 끊는 듯한 강한 소리로
발음합니다. (ex) Japón [하뽄] 일본

그리고 G(g) 뒤에 'ue/ui/üe/üi'가 오면 아래와 같이 발음합니다.

🎧 mp3 005

gue [게]	gui [기]	güe [구에]	güi [구이]
guerra	guiño	vergüenza	pingüino
[게르라]	[기뇨]	[베르구엔싸]	[삥구이노]
전쟁	윙크	부끄러움	펭권

③ L(l) [엘레]: L(l)의 경우, 문자가 합쳐진 'Ll(ll)'와 같은 형태도 있으며 'lla [야] / lle [예] / lli [이] / llo [요] / llu [유]'와 같이 발음됩니다. (지역별로 발음의 차이가 있음)

🎧 mp3 006

llave	llegar	llover	pollo
[야베]	[예가르]	[요베르]	[뽀요]
열쇠	도착하다	비가 오다	닭고기

④ Ñ(ñ) [에녜] : Ñ(ñ)의 경우 'ña [냐] / ñe [녜] / ñi [니] / ño [뇨] / ñu [뉴]'와 같이 발음됩니다.

🎧 mp3 007

España	araña	pequeño	niño
[에스빠냐]	[아라냐]	[뻬께뇨]	[니뇨]
스페인	거미	작은	남자아이

⑤ Q(q) [꾸] : Q(q)는 'que [께] / qui [끼]'로만 사용됩니다.

🎧 mp3 008

qué	queso	querer	quién
[께]	[께쏘]	[께레르]	[끼엔]
무엇	치즈	원하다	누구

⑥ R(r) [에르레] : R(r)는 단어 내 위치에 따라 아래와 같이 발음됩니다.

mp3 009

단어의 중간에 위치	[ㄹ]처럼 발음	caro [까로] 비싼
단어의 끝에 위치	가볍게 '르~'라고 발음	amor [아모르] 사랑
단어의 처음에 위치	혀를 떨어 주면서 발음	radio [ㄹ 라디오] 라디오
단어의 중간에 'rr'		arroz [아ㄹ 로스] 쌀

⑦ X(x) [에끼스] : X(x)는 단어의 첫 소리인 경우 [s] 소리가 나며 보통 [ks] 소리로 발음되는데, 지명의 경우 [ㅎ]로 발음되기도 합니다.

mp3 010

xilófono	taxi	examen	México
[씰로포노]	[딱씨]	[엑싸멘]	[메히꼬]
실로폰	택시	시험	멕시코

⑧ Y(y) [에] : Y(y)는 모음 i와 발음이 유사한데 지역에 따라 차이가 있습니다.

mp3 011

y	yo	mayo	yate
[이]	[요]	[마요]	[야떼]
그리고	나	5월	요트

⑨ Z(z) [쎄따] : Z(z)는 ce/ci와 발음이 동일하며, 스페인에서는 [θ]로 발음하지만 중남미에서는 [s]로 발음합니다.

mp3 012

zapato	plaza	zumo	zona
[싸빠또]	[쁠라싸]	[쑤모]	[쏘나]
신발	광장	주스	지대, 지역

¡Hola! 안녕! [올라!]

스페인어 기초 표현 & 숫자 읽어 보기

앞서 우리는 스페인어 알파벳, 그리고 이를 발음하고 읽는 방법에 대해 배웠습니다. 그럼 앞서 배운 내용들을 토대로 아래에 나온 스페인어 기초 표현들 및 숫자들을 직접 읽어 보고 '아, 이런 표현들이 있구나'하는 마음으로 가볍게 훑어 보도록 합시다.

▶ 스페인어 기초 표현 읽어 보기　　　　　　　　　　　　∩ mp3 013

① 안녕!	¡Hola! [올라!]
② 아침 인사	¡Buenos días! [부에노스 디아스!]
③ 오후 인사	¡Buenas tardes! [부에나스 따르데스!]
④ 밤 인사	¡Buenas noches! [부에나스 노체스!]
⑤ 다음에 또 봐요!	¡Hasta luego! [아스따 루에고!]
⑥ 어떻게 지내요?	¿Cómo estás? [꼬모 에스따스?]
	¿Qué tal? [께 딸?]
⑦ 잘 지내요.	Estoy bien. [에스또이 비엔.]
⑧ 잘 못 지내요.	Estoy mal. [에스또이 말.]
⑨ 그럭저럭 지내요.	Más o menos. [마스 오 메노스.]
⑩ (정말) 감사합니다.	(Muchas) Gracias. [(무차스) 그라씨아스.]
⑪ 천만에요.	De nada. [데 나다.]
⑫ 미안해요(실례합니다).	Perdón. [뻬르돈.]

⑬ 만나서 반갑습니다.　　　Encantado. [엔깐따도.] → 본인이 '남자'일 때

Encantada. [엔깐따다.] → 본인이 '여자'일 때

Mucho gusto. [무초 구스또.] → 성별 구별 없음

⑭ 네　　　Sí [씨]

아니오　　　No [노]

⑮ 부탁합니다.　　　Por favor. [뽀르 파보르.]

→ 영어의 please에 해당하는 표현

→ 명령/부탁을 할 때 사용

▶ 스페인어 숫자 1~10 읽어 보기　　　🎧 mp3 014

1	uno [우노]	6	seis [쎄이스]
2	dos [도스]	7	siete [씨에떼]
3	tres [뜨레스]	8	ocho [오초]
4	cuatro [꾸아뜨로]	9	nueve [누에베]
5	cinco [씽꼬]	10	diez [디에스]

yo ~ ustedes

스페인어로 '사람' 지칭해서 말하기

	주격 인칭대명사	의미	사용법
1인칭 (단수)	yo [요]	나	문장의 첫 부분에 나올 때만 첫 글자가 대문자, 그 외엔 첫 글자는 소문자
2인칭 (단수)	tú [뚜]	너	가족, 친구처럼 가까운 사이에서 사용 (중남미 일부 지역에선 'vos'라고 지칭)
3인칭 (단수)	él [엘]	그	남성인 제3자를 지칭할 때 사용
	ella [에야]	그녀	여성인 제3자를 지칭할 때 사용
존칭 (단수)	usted [우스뗏]	당신	상급자, 공식적인 관계, 모르는 사이에서 사용 (Ud.으로 축약 가능)
1인칭 (복수)	nosotros [노쏘뜨로스] nosotras [노쏘뜨라스]	우리	전부 남성 혹은 혼성 → nosotros 전부 여성 → nosotras
2인칭 (복수)	vosotros [보쏘뜨로스] vosotras [보쏘뜨라스]	너희	전부 남성 혹은 혼성 → vosotros 전부 여성 → vosotras (중남미에선 'ustedes'라고 지칭)
3인칭 (복수)	ellos [에요스]	그들	모두 남성이거나 혼성일 때 사용
	ellas [에야스]	그녀들	모두 여성일 때 사용
존칭 (복수)	ustedes [우스떼데스]	당신들	앞서 나온 usted의 복수형 (Uds.로 축약 가능)

coreano (나는 '남성 단수 명사'야!)

스페인어 명사엔 '성/수'가 있어요.

① 성

스페인어 명사엔 '남성형, 여성형'과 같이 '성'이 존재합니다. 어떠한 명사들은 자연적으로 타고 난 성에 따라 남성/여성이 구분되기도 하고, 그렇지 않을 경우엔 문법적으로 타고난 고유의 성으로 남성/여성이 구분되기도 합니다. 예시는 아래와 같습니다.

[타고난 성] coreano (한국 남자 : 남성형) / coreana (한국 여자 : 여성형)

[문법적 성] libro (책 : 남성형) / casa (집 : 여성형)

② 수

또한 스페인어 명사엔 '단수형, 복수형'과 같이 '수' 또한 존재합니다.

[단수형] coreano (한국 남자) / coreana (한국 여자)

　　　　libro (책) / casa (집)

[복수형] coreanos (한국 남자들) / coreanas (한국 여자들)

　　　　libros (책들) / casas (집들)

위와 같은 명사의 '성/수'를 한눈에 보기 쉽게 표로 정리하면 아래와 같습니다.

	남성 명사	여성 명사
단수	coreano (한국 남자)	coreana (한국 여자)
복수	coreanos (한국 남자들)	coreanas (한국 여자들)
단수	libro (책)	casa (집)
복수	libros (책들)	casas (집들)

un ~ las

스페인어엔 '(부)정관사'가 있어요.

스페인어에는 '관사'라는 것이 존재합니다. 이 '관사'라는 것은 명사 앞에 위치하여 명사의 의미를 한정시키는 역할을 합니다. 스페인어에서 관사는 크게 '부정관사, 정관사', 이렇게 두 가지 형태로 나뉘고, 경우에 따라 생략하여 사용하기도 합니다.

① 부정관사

부정관사는 구체화되지 않은 '어떤' 대상을 지칭할 때 명사 앞에 붙여서 사용합니다. 그리고 부정관사엔 수적인 의미가 내포되어 있어서 단수 명사 앞에 붙었을 땐 '하나의', 복수 명사 앞에 붙었을 땐 '몇몇의'라는 의미로 사용되기도 합니다. 부정관사의 형태는 '성/수'에 따라 4가지 형태로 구분됩니다.

	부정관사 + 남성 명사	부정관사 + 여성 명사
단수	un libro	una casa
복수	unos libros	unas casas

② 정관사

정관사는 이미 언급되었던 대상, 상황상 이미 알고 있다고 가정되는 구체적인 대상을 지칭하거나 명사가 의미하는 대상 전체를 지칭할 때 사용합니다. 정관사 역시 부정관사와 마찬가지로 '성/수'에 따라 4가지 형태로 구분됩니다.

	정관사 + 남성 명사	정관사 + 여성 명사
단수	el libro	la casa
복수	los libros	las casas

MEMO 이해가 잘 가지 않는 부분은 따로 필기한 뒤 재차 곱씹어 보세요.

LECCIÓN 01

기본 어순, 주어, 동사
이해하기

아 블 로　에 스 빠 뇰
Hablo español.

나는 스페인어를 해.

① [기본 어순] 주어-동사-(목적어, …) → 스페인어 동사는 주어에 따라 형태가 변하며, 동사의
　　형태를 보면 주어가 무엇인지 알 수 있으므로 주어는 주로 생략해서 말합니다.

　　주어 yo(나) + 동사 hablar(말하다) + 목적어 español(스페인어)

　　→ Yo hablo español. → Hablo español. = 나는 스페인어를 (말)해.

② [부정문] 기본적으로 동사 앞에 no를 붙여서 말하면 됩니다.

　　(Yo) No hablo español. = 나는 스페인어를 (말)하지 않아. (= 난 스페인어 못해.)

MP3 듣고 따라 말하며 세 번씩 써보기	🎧 mp3 015
①	
②	
③	

응용해서 써본 후 MP3 듣고 따라 말하기	🎧 mp3 016

① 나는 한국어를 공부해. [공부하다 = estudiar [에스뚜디아르], 한국어 = coreano [꼬레아노]]

　→

② 나는 중국어를 공부하지 않아. [중국어 = chino [치노]]

　→

① Estudio coreano.
② No estudio chino.

아 블 라 스   잉 글 레 스
¿Hablas inglés?

너는 영어를 하니?

① [의문문] '주어-동사'의 위치를 바꿔 '동사-주어'의 어순으로 말하거나 평서문의 끝을 올려 말하면
   의문문이 됩니다. 그리고 문장 맨 앞엔 거꾸로 된 물음표를 표기해 줍니다.

② 주어가 'tú(너)'인 문장에서 '-ar' 동사들은 '-ar → -as'로 변합니다.

   ['동사-주어' 어순 의문문] hablar+tú+inglés(영어)

   [평서문 형태의 의문문] tú+hablar+inglés(영어) → 주어(tú) 생략 가능

   → ¿Hablas inglés? = 너는 영어를 하니?

MP3 듣고 따라 말하며 세 번씩 써보기	🎧 mp3 017
①	
②	
③	

응용해서 써본 후 MP3 듣고 따라 말하기	🎧 mp3 018

① 너는 한국어를 공부하니?

   →

② 너는 스페인어를 하니?

   →

① ¿Estudias coreano?
② ¿Hablas español?

뜨라바호 아끼
Trabajo aquí.

나는 여기서 일해.

①

주어	trabajar(일하다)
yo	trabajo
tú	trabajas
él, ella, usted	trabaja

1~2인칭 주어는 생략 가능, 3인칭 주어는 상황/문맥상 주어를 확실히 알 수 있을 경우 생략 가능하며, 'usted(당신)'은 문법적으로 3인칭 주어와 동일한 규칙으로 동사의 형태가 변화합니다.

② aquí = 여기, 여기에서 [주어가 yo] ~~(Yo)~~ Trabajo aquí. = 나는 여기서 일해.

[주어가 ella] Ella trabaja aquí. = 그녀는 여기서 일해.

MP3 듣고 따라 말하며 세 번씩 써보기 　　　　　　　　　　🎧 mp3 019

①

②

③

응용해서 써본 후 MP3 듣고 따라 말하기 　　　　　　　　　　🎧 mp3 020

① 그는 여기서 일하지 않아.

→

② 나는 여기서 공부해.

→

① Él no trabaja aquí.

② Estudio aquí.

뜨 라 바 하 모 스   엔   쎄 울
Trabajamos en Seúl.

우리는 서울에서 일해.

①

주어	trabajar
nosotros/-as	trabajamos
vosotros/-as	trabajáis
ellos, ellas, ustedes	trabajan

복수 주어인 경우에도 1~2인칭 주어는 주로 생략해서 말하며, 3인칭 복수 주어의 경우 상황/문맥상 주어를 확실히 알 수 있을 경우 생략 가능합니다.

② en+장소 = ~에서 / Seúl = 서울 (나라나 도시명은 첫 글자가 대문자)

~~(Nosotros/-as)~~ Trabajamos en Seúl. = 우리는 서울에서 일해.

MP3 듣고 따라 말하며 세 번씩 써보기   🎧 mp3 021

①

②

③

응용해서 써본 후 MP3 듣고 따라 말하기   🎧 mp3 022

① 너희는 스페인에서 일하니? [스페인 = España [에스빠냐]]

→

② 그들은 중국에서 일해. [중국 = China [치나]]

→

---

① ¿Trabajáis en España?

② Ellos trabajan en China.

아 모　무 초　아 미　노 비 오
Amo mucho a mi novio.

나는 내 남자 친구를 많이 사랑해.

① 앞서 우리는 (1) 현재 시제일 때를 기준으로 (2) 주어에 따라 어미가 규칙적으로 변하는 '-ar' 규칙동사에 대해 학습하였습니다.

② amar = 사랑하다 / mucho = 많이 / 동사+mucho = 많이 ~하다

mi(나의)+novio(남자 친구) → mi novio = 나의 남자 친구

(Yo) Amo mucho a mi novio. = 나는 내 남자 친구를 많이 사랑해.

*목적어가 사람일 땐 목적어 앞에 'a'라는 전치사가 붙습니다.

MP3 듣고 따라 말하며 세 번씩 써보기	∩ mp3 023
①	
②	
③	

응용해서 써본 후 MP3 듣고 따라 말하기	∩ mp3 024

① 라울은 마리아를 많이 사랑해.

　→

② 너는 너의 남자 친구를 많이 사랑하니? [너의 = tu]

　→

① Raúl ama mucho a María.

② ¿Amas mucho a tu novio?

노 비아호 눈까 엔 아비온
No viajo nunca en avión.

나는 결코 비행기로 여행하지 않아.

① no+동사+nunca = 결코(절대) ~지 않다

viajar = 여행하다 / en+교통수단 = ~(으)로 / avión = 비행기

(Yo) No viajo nunca en avión. = 나는 결코(절대) 비행기로 여행하지 않아.

② nunca는 동사 앞에 위치할 수도 있는데, 이 경우 no 없이 nunca만 사용합니다.

nunca+동사 = 결코(절대) ~지 않다

(Yo) Nunca viajo en avión. = 나는 결코(절대) 비행기로 여행하지 않아.

MP3 듣고 따라 말하며 세 번씩 써보기	🎧 mp3 025

①

②

③

응용해서 써본 후 MP3 듣고 따라 말하기	🎧 mp3 026

① 우리는 결코 기차로 여행하지 않아. [기차 = tren [뜨렌]]

→

② 후안은 절대 공부하지 않아.

→

① No viajamos nunca en tren. (= Nunca viajamos en tren.)

② Juan no estudia nunca. (=Juan nunca estudia.)

노　베보　알꼬올
No bebo alcohol.

나는 술을 안 마셔.

①

주어	beber(마시다)
yo	bebo
tú	bebes
él, ella, usted	bebe

어미가 '-ar'인 동사 외에도 어미가 '-er'인 동사들도 주어별로 형태가 변화하며, 왼쪽에 제시된 '-er' 동사 변화는 현재 시제 '-er' 규칙 동사 변화입니다.

② beber = 마시다 (이 자체로 '술 마시다'라는 뜻도 있음) / alcohol = 술, 알코올

(Yo) No bebo alcohol. = 나는 술을 안 마셔.

MP3 듣고 따라 말하며 세 번씩 써보기　　　　　　　　　　🎧 mp3 027

①

②

③

응용해서 써본 후 MP3 듣고 따라 말하기　　　　　　　　　🎧 mp3 028

① 너는 와인을 마시니? [와인 = vino [비노]]

→

② 나는 고기를 먹지 않아. [먹다 = comer [꼬메르], 고기 = carne [까르네]]

→

---

① ¿Bebes vino?

② No como carne.

씨 엠 쁘 레　　베 베 모 스　　쎄 르 베 싸
Siempre bebemos cerveza.

우리는 항상 맥주를 마셔.

①

주어	beber
nosotros/-as	bebemos
vosotros/-as	bebéis
ellos, ellas, ustedes	beben

왼쪽에 제시된 표는 복수 주어에 따른 현재 시제 '-er' 규칙동사 변화입니다.

② cerveza = 맥주 / siempre = 항상

(Nosotros/-as) Siempre bebemos cerveza. = 우리는 항상 맥주를 마셔.

MP3 듣고 따라 말하며 세 번씩 써보기　　　　　　　　🎧 mp3 029

①

②

③

응용해서 써본 후 MP3 듣고 따라 말하기　　　　　　　　🎧 mp3 030

① 우리는 고기를 먹지 않아.

→

② 그들은 생선을 먹지 않아. [생선 = pescado [뻬스까도]]

→

---

① No comemos carne.

② Ellos no comen pescado.

비보 꼰 미 파밀리아
Vivo con mi familia.

나는 나의 가족과 살아.

①

주어	vivir(살다)
yo	vivo
tú	vives
él, ella, usted	vive

왼쪽 '-ir' 동사의 변화는 현재 시제 '-ir' 규칙 동사 변화입니다. 그리고 지금까지 살펴본 걸 통해 알 수 있듯 스페인어 동사는 '-ar, -er, -ir'의 세 가지 유형으로 구분됩니다.

② con = ~와(과) / mi(나의)+familia(가족) → mi familia = 나의 가족

(Yo) Vivo con mi familia. = 나는 나의 가족과 살아.

MP3 듣고 따라 말하며 세 번씩 써보기	∩ mp3 031

①

②

③

응용해서 써본 후 MP3 듣고 따라 말하기	∩ mp3 032

① 너는 바르셀로나에 사니? [바르셀로나 = Barcelona [바르셀로나]]

   →

② 그는 편지 한 통을 써. [쓰다 = escribir [에스끄리비르], 편지 한 통 = una carta [우나 까르따]]

   →

① ¿Vives en Barcelona?

② Él escribe una carta.

비비모스 훈토스
Vivimos juntos.

우리는 함께 살아.

①

주어	vivir
nosotros/-as	vivimos
vosotros/-as	vivís
ellos, ellas, ustedes	viven

왼쪽에 제시된 표는 복수 주어에 따른 현재
시제 '-ir' 규칙동사 변화입니다.

② juntos(전부 남성이거나 혼성), juntas(전부 여성) = 함께

(Nosotros/-as) Vivimos juntos. = 우리는 함께 살아.

MP3 듣고 따라 말하며 세 번씩 써보기   🎧 mp3 033

①

②

③

응용해서 써본 후 MP3 듣고 따라 말하기   🎧 mp3 034

① 너희는 여기에서 사니?

→

② 그녀들은 함께 살아.

→

① ¿Vivís aquí?

② Ellas viven juntas.

01. 앞서 배운 내용 중 주요 문법 및 표현을 정리해 봅시다.

☐ 스페인어의 기본 어순

평서문	주어-동사-(목적어, …)
부정문	주어-no-동사-(목적어, …)
의문문	'¿동사-주어?'의 어순으로 말하거나 평서문의 끝을 올려서 발화

스페인어에서 동사는 주어에 맞게 형태가 변화하고, 동사의 형태를 보면 주어를 알 수 있기 때문에 주어는 주로 생략합니다. (1~2인칭 주어: 보통 생략 / 3인칭 주어: 상황/문맥상 주어를 확실히 알 수 있을 경우 생략 가능)

☐ 어미가 '-ar, -er, -ir'인 동사들의 현재 시제 규칙 변화 총정리

　　스페인어 동사는 '-ar, -er, -ir' 이렇게 세 가지 유형이 있고, 유형별로 주어에 따라 동사 형태가 변화합니다. 또한 동사의 형태만으로 주어가 무엇인지 가늠할 수 있기 때문에 문장에서 주어를 생략하는 것이 가능하며(상단 참고), 주어를 강조하고자 할 땐 주어를 사용할 수 있습니다. 이들의 현재 시제 규칙 변화를 표로 정리하면 아래와 같습니다.

(현재 시제 기준)

주어	-ar 동사	-er 동사	-ir 동사
yo	-o		
tú	-as	-es	
él, ella, usted	-a	-e	
nosotros/-as	-amos	-emos	-imos
vosotros/-as	-áis	-éis	-ís
ellos, ellas, ustedes	-an	-en	

　　다음 페이지에서 '-ar, -er, -ir' 동사의 현재 시제 규칙형을 직접 쓰며 연습해 봅시다.

	(1.　　　)　사랑하다	(8.　　　)　마시다	(15.　　　)　살다
yo	2.	9.	16.
tú	3.	10.	17.
él, ella, usted	4.	11.	18.
nosotros/-as	5.	12.	19.
vosotros/-as	6.	13.	20.
ellos, ellas, ustedes	7.	14.	21.

정답

1. amar | 2. amo | 3. amas | 4. ama | 5. amamos | 6. amáis | 7. aman

8. beber | 9. bebo | 10. bebes | 11. bebe | 12. bebemos | 13. bebéis | 14. beben

15. vivir | 16. vivo | 17. vives | 18. vive | 19. vivimos | 20. vivís | 21. viven

위에 제시된 동사들 외에도 Lección 1에서 우리가 배웠던 주어별 변화 규칙에 따라 형태가 변화하는 '-ar, -er, -ir' 동사들은 아래와 같습니다. 아래의 동사들도 주어별로 형태를('현재 시제 규칙형'으로) 써 보며 연습해 보세요.

-ar 동사	-er 동사
hablar(말하다), estudiar(공부하다), trabajar(일하다), viajar(여행하다)	comer(먹다)
	-ir 동사
	escribir(쓰다)

02. 스페인어로 스스로 작문할 수 있는지 테스트해 보세요. (정답 p.043)

① 나는 스페인어를 공부해.

   →

② 너는 영어를 (말)하니?

   →

③ 너는 여기서 일하니?

   →

④ 그들은 스페인에서 일해.

   →

⑤ 나는 내 남자 친구를 많이 사랑해.

   →

⑥ 나는 결코 비행기로 여행하지 않아.

   →

⑦ 나는 생선을 먹지 않아.

   →

⑧ 우리는 항상 맥주를 마셔.

   →

⑨ 나는 나의 가족과 살아.

   →

⑩ 그들은 함께 살아.

   →

① Estudio español.

② ¿Hablas inglés?

③ ¿Trabajas aquí?

④ Ellos trabajan en España.

⑤ Amo mucho a mi novio.

⑥ No viajo nunca en avión. (= Nunca viajo en avión.)

⑦ No como pescado.

⑧ Siempre bebemos cerveza.

⑨ Vivo con mi familia.

⑩ Ellos viven juntos.

MEMO 틀린 문장이 있을 경우 아래에 몇 번씩 반복해서 써보세요.

LECCIÓN 02

이름, 출신, 직업 말하기

Soy Pablo.

나는 빠블로야.

① ser 동사는 '주어는 어떤 것(사람)이다'라고 말할 때 사용합니다.

주어	ser (~이다)
yo	soy
tú	eres
él, ella, usted	es

Lección 1에서 배웠던 '-ar, -er, -ir' 동사들은 주어별로 일정한 규칙에 따라 어미가 변했는데, ser 동사는 이러한 규칙에 따르지 않고 형태가 불규칙하게 변합니다.

② yo+ser+Pablo → Soy Pablo. = 나는 빠블로야.

MP3 듣고 따라 말하며 세 번씩 써보기	🎧 mp3 035

①

②

③

응용해서 써본 후 MP3 듣고 따라 말하기	🎧 mp3 036

① 너는 뻬드로니?

　→

② 그녀는 알리씨아야.

　→

① ¿Eres Pedro?

② Ella es Alicia.

Soy coreano.

나는 한국 사람이야.

① 스페인어 명사는 아래와 같이 두 가지의 '성(性)'으로 구분됩니다. 참고로 자연적으로 타고난 성
이 있는 경우엔 타고난 성을 따라 남성형/여성형으로 구분합니다.

남성형 (주로 '-o'로 끝남)	여성형 (주로 '-a'로 끝남)
coreano (한국 남자)	coreana (한국 여자)

② '주어는 ~이다'라고 말할 땐 '주어의 성'과 뒤에 나오는 '명사의 성'을 맞춰야 합니다.

　(나 = 남성) Soy coreano(한국 남자). = 나는 한국 사람이야.

MP3 듣고 따라 말하며 세 번씩 써보기	🎧 mp3 037

①

②

③

응용해서 써본 후 MP3 듣고 따라 말하기	🎧 mp3 038

① 나(남성)는 중국 사람이 아니야. [중국 남자 = chino]

　→

② 너(여성)는 멕시코 사람이니? [멕시코 여자 = mexicana]

　→

① No soy chino.

② ¿Eres mexicana?

Somos coreanos.

우리는 한국 사람이야.

①

주어	ser
nosotros/-as	somos
vosotros/-as	sois
ellos, ellas, ustedes	son

② 모음으로 끝나는 단수 명사를 복수로 만들 땐 끝에 's'만 붙이면 됩니다.

coreano<u>s</u> = 한국 남자들
coreana<u>s</u> = 한국 여자들

③ ~~nosotros~~('남성'인 우리)+<u>ser</u>+coreanos → <u>Somos</u> coreanos.

= <u>우리는</u> 한국 <u>사람이야</u>. ('주어의 수'와 뒤에 나오는 '명사의 수'도 맞춰야 합니다.)

MP3 듣고 따라 말하며 세 번씩 써보기　　　○ mp3 039

①

②

③

응용해서 써본 후 MP3 듣고 따라 말하기　　　○ mp3 040

① 너희(여성)는 중국 사람이니? [중국 여자 = china]

　→

② 그들은 멕시코 사람이야. [멕시코 남자 = mexicano]

　→

① ¿Sois chinas?
② Ellos son mexicanos.

> # Pedro es español.
>
> ## 뻬드로는 스페인 사람이야.

① 자음으로 끝나는 남성형 명사의 경우, 뒤에 'a'만 붙이면 여성형 명사가 됩니다.

　　español (스페인 남자) → 자음(l)으로 끝나는 남성형 명사

　　española (스페인 여자) → 자음으로 끝나는 남성형 명사 español 뒤에 a가 붙어 만들어

　　　　　　　　　　　　　진 여성형 명사

② Pedro+ser+español (Pedro는 남성)

　　→ Pedro es español. = 뻬드로는 스페인 사람이야.

MP3 듣고 따라 말하며 세 번씩 써보기	🎧 mp3 041

①

②

③

응용해서 써본 후 MP3 듣고 따라 말하기	🎧 mp3 042

① 그는 프랑스 사람이야. [프랑스 남자 = francés]

　→

② 그녀는 프랑스 사람이 아니야. [프랑스 여자 = francesa]

　→

---

① Él es francés.

② Ella no es francesa.

Ellos son españoles.

그들은 스페인 사람이야.

① 모음으로 끝나는 단수 명사를 복수로 만들 땐 끝에 's'만 붙이면 되는데, 자음으로 끝나는 단수 명사를 복수로 만들 땐 끝에 '-es'를 붙이면 됩니다.

español = 스페인 남자 → españoles = 스페인 남자들

francés = 프랑스 남자 → franceses = 프랑스 남자들

② ellos+ser+españoles

→ Ellos son españoles. = 그들은 스페인 사람이야.

MP3 듣고 따라 말하며 세 번씩 써보기　　　　　　　　　　　　　　⌒ mp3 043

①

②

③

응용해서 써본 후 MP3 듣고 따라 말하기　　　　　　　　　　　　　　⌒ mp3 044

① 그들은 일본 사람이야. [일본 남자 = japonés]

→

② 그들은 프랑스 사람이 아니야.

→

① Ellos son japoneses.

② Ellos no son franceses.

Soy de Corea del Sur.

나는 한국 출신이야.

---

① de+국가 = ~ 출신의

   yo+ser+de 국가

   → Soy de 국가. = 나는 ~ 출신이야.

② sur = 남쪽 / del = ~의

   Corea del Sur = 남쪽의 한국 (결국 '대한민국, 한국'을 의미)

   Soy de Corea del Sur. = 나는 한국 출신이야.

MP3 듣고 따라 말하며 세 번씩 써보기	🎧 mp3 045
①	
②	
③	

응용해서 써본 후 MP3 듣고 따라 말하기	🎧 mp3 046

① 너는 프랑스 출신이니? [프랑스 = Francia]

  →

② 우리는 일본 출신이야. [일본 = Japón]

  →

① ¿Eres de Francia?
② Somos de Japón.

Soy periodista.

나는 기자야.

① 아래와 같은 어미를 가진 단어들은 남성형과 여성형의 형태가 같습니다. (참고로 '-e'로 끝나는
단어들은 남성형과 여성형이 동일한 경우가 많음)

'-ista'로 끝나는 단어	periodista (기자)
'-ante'로 끝나는 단어	cantante (가수)

② 지금껏 공부한 ser 동사로 '이름/국적/출신/직업이 ~이다'라고 말할 수 있습니다.

Soy 이름/국적/출신/직업. = 나는 ~(이)야. → Soy periodista. = 나는 기자야.

MP3 듣고 따라 말하며 세 번씩 써보기   🎧 mp3 047

①

②

③

응용해서 써본 후 MP3 듣고 따라 말하기   🎧 mp3 048

① 그들은 치과 의사야. [치과 의사 = dentista]

→

② 너희는 학생이니? [학생 = estudiante]

→

① Ellos son dentistas.

② ¿Sois estudiantes?

52

Soy actor.

나는 배우야.

① 아래와 같이 남성형과 여성형 명사의 형태가 불규칙하게 다른 경우도 있습니다.

　남자 배우 = actor / 남자 배우들 = actores

　여자 배우 = actriz / 여자 배우들 = actr<u>ices</u> ('zes'가 아닌 'ces' 임에 주의!)

② 지금까지 배운 ser 동사는 형태가 불규칙하게 변한다는 걸 꼭 기억하세요.

yo	soy	nosotros/-as	somos
tú	eres	vosotros/-as	sois
él, ella, usted	es	ellos, ellas, ustedes	son

MP3 듣고 따라 말하며 세 번씩 써보기　　　　　　🎧 mp3 049

①

②

③

응용해서 써본 후 MP3 듣고 따라 말하기　　　　　　🎧 mp3 050

① 우리(남성)는 배우예요.

　→

② 당신(여성)은 배우예요?

　→

① Somos actores.

② ¿Es usted actriz? / ¿Usted es actriz?

01. 앞서 배운 내용 중 주요 문법 및 표현을 정리해 봅시다.

☐ 'ser' 동사의 현재 시제 변화

'ser(~이다)'라는 동사 역시 주어에 따라 형태가 변화하는데, 단 불규칙 변화를 합니다. 아래는 'ser'의 현재 시제 형태 변화를 표로 정리한 것입니다.

(현재 시제 기준)

yo	soy	nosotros/-as	somos
tú	eres	vosotros/-as	sois
él, ella, usted	es	ellos, ellas, ustedes	son

☐ 스페인어 명사의 종류

스페인어 명사는 두 개의 성(남성/여성), 두 개의 수(단수/복수)로 구분되며, 복수 명사를 만들 땐 '모음으로 끝나는 단어+s, 자음으로 끝나는 단어+es'와 같이 만들면 됩니다.

	남성 명사	여성 명사
[남성] -o [여성] -a	coreano (한국 남자) coreanos (한국 남자들)	coreana (한국 여자) coreanas (한국 여자들)
[남성] -자음 [여성] -자음+a	español (스페인 남자) españoles (스페인 남자들)	española (스페인 여자) españolas (스페인 여자들)
남성/여성 형태 같음 -ista / -ante	periodista (기자) / cantante (가수) periodistas (기자들) / cantantes (가수들)	
남성/여성 형태 불규칙하게 다름	actor (남자 배우) actores (남자 배우들)	actriz (여자 배우) actrices (여자 배우들)

02. 스페인어로 스스로 작문할 수 있는지 테스트해 보세요. (정답 p.056)

① 나는 마리아야.

→

② 너(여성)는 중국 사람이니?

→

③ 그는 프랑스 사람이 아니야.

→

④ 우리(남성)는 한국 사람이야.

→

⑤ 마리아는 스페인 사람이야.

→

⑥ 그들은 스페인 사람이야.

→

⑦ 나는 한국 출신이야.

→

⑧ 너는 일본 출신이니?

→

⑨ 우리는 가수야.

→

⑩ 나(여성)는 배우야.

→

① Soy María.

② ¿Eres china?

③ Él no es francés.

④ Somos coreanos.

⑤ María es española.

⑥ Ellos son españoles.

⑦ Soy de Corea del Sur.

⑧ ¿Eres de Japón?

⑨ Somos cantantes.

⑩ Soy actriz.

MEMO 틀린 문장이 있을 경우 아래에 몇 번씩 반복해서 써보세요.

LECCIÓN 03

외관, 성질, 특징 말하기

Juan es alto.

후안은 키가 커.

① 주어+ser+형용사 = 주어는 (외관/성질/특징 등이) ~하다

Juan+ser+alto(키가 큰) → Juan es alto. = 후안은 키가 커.

② 스페인어 형용사는 주어의 '성(남성형/여성형), 수(단수/복수)'에 맞춰 형태가 변화합니다.

	남성형	여성형
단수	alto	alta
복수	altos	altas

스페인어 형용사의 기본형은 '남성형'이며, 어미가 '-o'로 끝나는 형용사의 여성형은 '-a'입니다. (명사와 거의 동일한 규칙으로 변화)

MP3 듣고 따라 말하며 세 번씩 써보기	∩ mp3 051

①

②

③

응용해서 써본 후 MP3 듣고 따라 말하기	∩ mp3 052

① 나(여성)는 키가 작아. [키가 작은 = bajo/-a]

→

② 그녀들은 키가 커.

→

① Soy baja.

② Ellas son altas.

Mi padre es trabajador.

우리 아버지는 근면하셔.

① trabajador = 근면한 (어미가 자음인 형용사는 주로 끝에 'a'를 붙이면 여성형이 됨)

	남성형	여성형
단수	trabajador	trabajadora
복수	trabajadores	trabajadoras

형용사 중엔 '남성형 = 여성형'인 경우도 있습니다. (ex: alegre(쾌활한) = 남성형과 여성형이 동일)

② mi(나의)+padre(아버지) → mi padre = 나의 아버지

Mi padre es trabajador. = 나의(우리) 아버지는 근면하셔.

MP3 듣고 따라 말하며 세 번씩 써보기　　　　🎧 mp3 053

①

②

③

응용해서 써본 후 MP3 듣고 따라 말하기　　　　🎧 mp3 054

① 우리(남성)는 근면해.

　→

② 마리아는 수다스러워. [수다스러운 = hablador/-ra]

　→

---

① Somos trabajadores.

② María es habladora.

Mi madre es alta, guapa y amable con todos.

우리 어머니는 키가 크고, 예쁘시고 모든 사람에게 친절하셔.

① 주어+ser+형용사1, 형용사2 y 형용사3. = 주어는 ~하고, ~하고 ~합니다.

여러 개의 단어를 나열해서 말할 땐 마지막 단어 앞에 'y(그리고)'를 넣습니다.

② mi madre = 나의 어머니 / guapo/-a = 잘생긴, 예쁜 / amable = 친절한

amable+con+사람 = ~에게 친절한 / todos = 모든 사람

Mi madre es alta, guapa y amable con todos.

= 나의(우리) 어머니는 키가 크고, 예쁘시고 모든 사람에게 친절하셔.

MP3 듣고 따라 말하며 세 번씩 써보기	🎧 mp3 055
①	
②	
③	

응용해서 써본 후 MP3 듣고 따라 말하기	🎧 mp3 056

① 후안은 우리(남성)에게 친절해.

→

② 후안은 잘생겼고, 사교적이고, 근면해. [사교적인 = sociable]

→

① Juan es amable con nosotros.
② Juan es guapo, sociable y trabajador.

Mis padres son muy estrictos.

우리 부모님은 매우 엄격하셔.

① 'padre(아버지)'에 's'를 붙여 복수형으로 만들면 'padres(부모님)'이 됩니다. 또한 소유 형용
사가 복수 명사 앞에 오면 소유 형용사 뒤에도 's'를 붙여야 합니다.

[소유 형용사+단수 명사] mi/tu padre = 나의/너의 아버지

[소유 형용사+복수 명사] mis/tus padres = 나의/너의 부모님

② estricto/-a = 엄격한 / muy = 매우 (형용사/부사 앞에서 이들을 강조)

Mis padres <u>son muy estrictos.</u> = 우리 부모님은 <u>매우 엄격하셔.</u>

MP3 듣고 따라 말하며 세 번씩 써보기	∩ mp3 057

① _____

② _____

③ _____

응용해서 써본 후 MP3 듣고 따라 말하기	∩ mp3 058

① 내 아들들은 키가 매우 작아. [아들 = hijo]

→

② 내 형제들은 매우 소심해. [형제 = hermano, 소심한 = tímido/-a]

→

---

① Mis hijos son muy bajos.

② Mis hermanos son muy tímidos.

El oro es caro.

금은 비싸.

① 스페인어에선 사람이 아닌 사물 명사에도 'oro(금:남성형), casa(집:여성형)'과 같이 고유한 성이 있으며, 주로 남성 명사는 '-o', 여성 명사는 '-a'로 끝납니다.

② 스페인어에선 특정한 대상이나 명사가 의미하는 대상 전체를 지칭할 때 '정관사'를 붙여 말하며, 정관사는 성/수에 따라 4가지 형태가 있습니다. (Introducción 참고)

el+남성(단수)명사 / la+여성(단수)명사 / los+남성(복수)명사 / las+여성(복수)명사

→ El oro es caro. = 금은 비싸. (caro/-a = 비싼)

MP3 듣고 따라 말하며 세 번씩 써보기	🎧 mp3 059
①	
②	
③	

응용해서 써본 후 MP3 듣고 따라 말하기	🎧 mp3 060

① 비누는 부드러워. [비누 = jabón(남성형), 부드러운 = suave]

→

② 담배는 해로워. [담배 = tabaco(남성형), 해로운/나쁜 = malo/-a]

→

① El jabón es suave.

② El tabaco es malo.

El coche de Yessi es negro.

예씨의 차는 검은색이야.

① 어미가 '-o(남성형), -a(여성형)'이 아닌 'coche(자동차:남성형), mano(손:여성형)'과 같은 명사도 있으니 명사를 외울 땐 'm. coche / f. mano'와 같이 성도 함께 기억해야 합니다. ('m.'은 masculino(남성), 'f.'는 femenino(여성)의 앞 글자)

② 이미 언급되었거나 알고 있다고 가정되는 대상을 지칭할 때에도 정관사를 씁니다.

de = ~의 / negro/-a = 검은색의

El coche de Yessi es negro. = 예씨의 차는 검은색이야.

MP3 듣고 따라 말하며 세 번씩 써보기	🎧 mp3 061
①	
②	
③	

응용해서 써본 후 MP3 듣고 따라 말하기	🎧 mp3 062

① 훌리아의 어머니는 사교적이셔.

→

② 우리 부모님의 집은 매우 커. [큰 = grande]

→

① La madre de Julia es sociable.

② La casa de mis padres es muy grande.

La comida coreana es saludable.

한국 음식은 건강에 좋아.

① '키 큰 남자애'와 같이 형용사가 명사를 수식할 때 스페인어에선 보통 형용사가 명사 뒤에 위치하여 [관사+명사+형용사]와 같은 순서가 되며, 이때에도 '성/수'를 맞춰야 합니다.

el chico <u>alto</u> (키 큰 남자애)	la chica <u>alta</u> (키 큰 여자애)
los chicos <u>altos</u> (키 큰 남자애들)	las chicas <u>altas</u> (키 큰 여자애들)

② f. comida = 음식 / coreano/-a = 한국의 / saludable = 건강에 좋은

→ <u>La comida coreana</u> es saludable. = 한국 음식은 건강에 좋아.

MP3 듣고 따라 말하며 세 번씩 써보기	∩ mp3 063

①

②

③

응용해서 써본 후 MP3 듣고 따라 말하기	∩ mp3 064

① 중국의 국기는 빨간색이야. [국기 = f. bandera, 중국의 = chino/-a, 빨간색의 = rojo/-a]

→

② 마드리드는 스페인의 수도야. [수도 = f. capital, 스페인의 = español/-la]

→

① La bandera china es roja.
② Madrid es la capital española.

Estudiar es aburrido.

공부하는 건 지루해.

① 스페인어에서 동사원형은 그 자체로 '~하는 것'이라는 의미로도 사용 가능합니다.

estudiar = 공부하다; 공부하는 것

② 동사원형+ser+형용사 = ~하는 건 ~하다 ('동사원형' 주어는 '남성 단수 명사'로 취급하기 때문에 이 뒤에 오는 ser와 형용사의 형태는 '남성 단수 명사'에 맞춥니다.)

aburrido/-a = 지루한

→ Estudiar es aburrido. = 공부하는 건 지루해.

MP3 듣고 따라 말하며 세 번씩 써보기	🎧 mp3 065
①	
②	
③	

응용해서 써본 후 MP3 듣고 따라 말하기	🎧 mp3 066

① 비행기로 여행하는 건 피곤해. [피곤한 = cansado/-a]

→

② 잘 먹는 건 매우 중요해. [잘 = bien, 중요한 = importante]

→

① Viajar en avión es cansado.

② Comer bien es muy importante.

> # Es bueno hacer ejercicio todos los días.
>
> ## 매일 운동하는 건 좋아.

① todo/-a = 모든 → [todo/-a+정관사+명사] = 모든 ~ ('todo/-a'와 '정관사'의 형태는
뒤에 나오는 명사의 '성/수'에 맞춰야 합니다.)

  (ex) m. día = 날, 하루 → <u>todos los</u> días = 모든 날들, 매일

② 동사원형+es+형용사 = Es+형용사+동사원형

  hacer(하다)+ejercicio(운동) = 운동하다 / bueno/-a = 좋은

  <u>Es bueno</u> hacer ejercicio todos los días. = 매일 운동하는 건 <u>좋아</u>.

MP3 듣고 따라 말하며 세 번씩 써보기	⌁ mp3 067
①	
②	
③	

응용해서 써본 후 MP3 듣고 따라 말하기	⌁ mp3 068

① 스페인어를 배우는 건 재미있어. [배우다 = aprender, 재미있는 = divertido/-a]

  →

② 담배를 많이 피우는 것은 해로워. [담배를 피우다 = fumar]

  →

> ① Es divertido aprender español.
>
> ② Es malo fumar mucho.

01. 앞서 배운 내용 중 주요 문법 및 표현을 정리해 봅시다.

☐ 주어+ser+형용사

스페인어에선 형용사도 '성/수'에 따라 형태가 변화하며(변화 방식은 명사와 거의 동일), 따라서 '[주어+ser+형용사] = 주어는 ~하다'와 같은 문장을 말할 땐 형용사를 '주어의 성/수'에 맞는 형태로 써야 합니다. 덧붙여 '주어+ser+형용사'는 주어의 외관(외모), 성질(성격), 특징 등을 말할 때 쓸 수 있으며, 주어 자리엔 명사뿐 아니라 '동사원형'도 올 수 있어 [동사원형+es+형용사] 혹은 [Es+형용사+동사원형] = ~하는 건 ~하다'와 같이 말할 수도 있습니다(동사원형 주어는 남성형 단수 명사로 취급).

① 형용사의 남성형이 -o인 경우			② 형용사의 남성형 어미가 자음인 경우		
	남성형	여성형		남성형	여성형
단수	alto	alta	단수	trabajador	trabajadora
복수	altos	altas	복수	trabajadores	trabajadoras

③ 형용사가 '남성형 = 여성형'인 경우			
	남성형	여성형	Él es alto. = 그는 키가 커.
단수	alegre	alegre	Ellos son altos. = 그들은 키가 커.
			Ella es alta. = 그녀는 키가 커.
복수	alegres	alegres	Ellas son altas. = 그녀들은 키가 커.

☐ 관사+명사+형용사

'하얀 컵'과 같이 형용사로 명사를 수식해서 말할 땐 스페인어에선 보통 형용사가 명사 뒤에 위치하여 '관사+명사+형용사'와 같이 말하며, 이때 관사와 형용사는 명사의 성/수에 맞는 형태로 써야 합니다. (하단의 예시: m. vaso = 컵 / f. casa = 집)

el vaso blanco (하얀 컵)	la casa blanca (하얀 집)
los vasos blancos (하얀 컵들)	las casas blancas (하얀 집들)

① 후안은 키가 작아.

→

② 우리 아버지는 근면하셔.

→

③ 우리 어머니는 키가 크시고, 예쁘시고 모든 사람에게 친절하셔.

→

④ 우리 부모님은 매우 엄격하셔.

→

⑤ 금은 비싸.

→

⑥ 예씨의 자동차는 검은색이야.

→

⑦ 한국 음식은 건강에 좋아.

→

⑧ 마드리드는 스페인의 수도야.

→

⑨ 잘 먹는 건 중요해.

→

⑩ 담배를 많이 피우는 건 해로워.

→

① Juan es bajo.

② Mi padre es trabajador.

③ Mi madre es alta, guapa y amable con todos.

④ Mis padres son muy estrictos.

⑤ El oro es caro.

⑥ El coche de Yessi es negro.

⑦ La comida coreana es saludable.

⑧ Madrid es la capital española.

⑨ Comer bien es importante. (= Es importante comer bien.)

⑩ Fumar mucho es malo. (= Es malo fumar mucho.)

MEMO 틀린 문장이 있을 경우 아래에 몇 번씩 반복해서 써보세요.

LECCIÓN 04

'이/그/저 ~'라고
지칭해서 말하기

Este libro es interesante.

이 책은 흥미로워.

① 화자와 가까이 있는 대상을 '이 ~'라고 지칭할 땐 아래와 같이 명사 앞에 지시 형용사를 붙여 말하며, 지시 형용사 역시 뒤에 나오는 명사의 성/수에 따라 형태가 변합니다.

활용 예시 (m. libro = 책 / f. casa = 집)	
este libro (이 책)	esta casa (이 집)
estos libros (이 책들)	estas casas (이 집들)

② interesante = 흥미로운 → Este libro es interesante. = 이 책은 흥미로워.

MP3 듣고 따라 말하며 세 번씩 써보기	🎧 mp3 069

① _____

② _____

③ _____

응용해서 써본 후 MP3 듣고 따라 말하기	🎧 mp3 070

① 이 자전거는 가벼워. [자전거 = f. bicicleta, 가벼운 = ligero/-a]

→ _____

② 이 배우(남성)는 키가 커.

→ _____

---

① Esta bicicleta es ligera.

② Este actor es alto.

Estos gatos son monos.

이 고양이들은 귀여워.

① m. gato = 고양이 / mono/-a = 귀여운

→ Estos gatos son monos. = 이 고양이들은 귀여워.

② 지시 형용사 'este/esta/estos/estas'는 '이것, 이 사람'이라는 뜻의 지시 대명사로도 쓸 수 있으며, 참고로 '이건 뭐야?'와 같이 잘 모르거나 막연한 대상을 '이것'이라고 지칭할 땐 중성 지시 대명사 'esto'를 써서 말합니다.

(ex) Estos son monos. = 이것들은 귀여워.

MP3 듣고 따라 말하며 세 번씩 써보기	🎧 mp3 071

①

②

③

응용해서 써본 후 MP3 듣고 따라 말하기	🎧 mp3 072

① 이 여행 가방들은 커. [여행 가방 = f. maleta]

→

② 이 건물들은 높아. [건물 = m. edificio]

→

① Estas maletas son grandes.

② Estos edificios son altos.

Esa camiseta es de Yessi.

그 티셔츠는 예씨의 것이야.

① 화자에게서 조금 떨어져 있고 청자 근처에 있는 대상을 '그 ~'라고 지칭할 땐 아래와 같은 지시 형용사를 써서 말합니다.

ese libro (그 책)	esa casa (그 집)
esos libros (그 책들)	esas casas (그 집들)

② f. camiseta = 티셔츠 / ser+de+소유주 = ~의 것이다

Esa camiseta es de Yessi. = 그 티셔츠는 예씨의 것이다.

MP3 듣고 따라 말하며 세 번씩 써보기	🎧 mp3 073

①

②

③

응용해서 써본 후 MP3 듣고 따라 말하기	🎧 mp3 074

① 그 휴대폰은 에두아르도의 것이야. [휴대폰 = m. móvil]

→

② 그 책들은 마리아의 것이야.

→

① Ese móvil es de Eduardo.
② Esos libros son de María.

Esos vasos son de plástico.

그 컵들은 플라스틱으로 되어 있어.

① m. vaso = 컵 / m. plástico = 플라스틱 / ser+de+재료 = ~(으)로 되어 있다

→ Esos vasos son de plástico. = 그 컵들은 플라스틱으로 되어 있어.

② 지시 형용사 'ese/esa/esos/esas'는 '그것, 그 사람'이라는 뜻의 지시 대명사로도 쓸 수 있으며, 참고로 '그건 뭐야?'와 같이 잘 모르거나 막연한 대상을 '그것'이라고 지칭할 땐 중성 지시 대명사 'eso'를 씁니다.

(ex) Esos son de plástico. = 그것들은 플라스틱으로 되어 있어.

MP3 듣고 따라 말하며 세 번씩 써보기	∩ mp3 075

①

②

③

응용해서 써본 후 MP3 듣고 따라 말하기	∩ mp3 076

① 그 테이블은 금으로 되어 있어. [테이블 = f. mesa]

→

② 그 의자들은 플라스틱으로 되어 있어. [의자 = f. silla]

→

① Esa mesa es de oro.
② Esas sillas son de plástico.

Aquella es la casa de Juan.

저것은 후안의 집이야.

① 화자/청자에게서 멀리 떨어진 대상을 '저 ~'라고 지칭할 땐 아래와 같이 말합니다.

aquel libro (저 책)	aquella casa (저 집)
aquellos libros (저 책들)	aquellas casas (저 집들)

② 위 지시 형용사는 '저것, 저 사람'이란 뜻의 지시 대명사로도 쓸 수 있으며, 잘 모르거나 막연한 대상을 '저것'이라고 지칭할 땐 중성 지시 대명사 'aquello'를 씁니다.

(ex) Aquella es la casa de Juan. = 저것은 후안의 집이야.

MP3 듣고 따라 말하며 세 번씩 써보기　　　　　　　　　🎧 mp3 077

①

②

③

응용해서 써본 후 MP3 듣고 따라 말하기　　　　　　　　　🎧 mp3 078

① 저 남자애는 축구 선수야. [남자애 = m. chico, 축구 선수 = m.f. futbolista]

　　→

② 저 여자애는 멕시코 출신이야. [여자애 = f. chica]

　　→

---

① Aquel chico es futbolista.
② Aquella chica es de México.

Aquellos coches son de Alemania.

저 자동차들은 독일산이야.

① ser+de+국가/도시 = ~산이다 (원산지를 말할 수 있음) / Alemania = 독일

→ Aquellos coches son de Alemania. = 저 자동차들은 독일산이야.

② 'ser de ~'라는 표현은 원산지뿐 아니라 '출신/소유주/재료' 등도 말할 수 있습니다.

Soy de Corea del Sur. = 나는 한국 출신이야.

Este coche es de Juan. = 이 자동차는 후안의 것이야.

Esta silla es de plástico. = 이 의자는 플라스틱으로 되어 있어.

MP3 듣고 따라 말하며 세 번씩 써보기   🎧 mp3 079

① _____

② _____

③ _____

응용해서 써본 후 MP3 듣고 따라 말하기   🎧 mp3 080

① 저 컴퓨터는 일본산이야. [컴퓨터 = m. ordenador]

→ _____

② 저 테이블들은 중국산이야. [중국 = China]

→ _____

---

① Aquel ordenador es de Japón.

② Aquellas mesas son de China.

01. 앞서 배운 내용 중 주요 문법 및 표현을 정리해 봅시다.

☐ 지시 형용사 & 지시 대명사

(1) 지시 형용사: '이/그/저 ~'라고 지칭할 수 있는 스페인어 지시 형용사는 아래와 같이 정리할 수 있으며, 지시 형용사는 뒤에 나오는 명사의 성/수에 맞춰 형태가 변화합니다.

		남성형	여성형
이 ~	단수	este libro (이 책)	esta casa (이 집)
	복수	estos libros (이 책들)	estas casas (이 집들)
그 ~	단수	ese libro (그 책)	esa casa (그 집)
	복수	esos libros (그 책들)	esas casas (그 집들)
저 ~	단수	aquel libro (저 책)	aquella casa (저 집)
	복수	aquellos libros (저 책들)	aquellas casas (저 집들)

(2) 지시 대명사: 앞서 배운 지시 형용사들은 '이/그/저것, 이/그/저 사람'이라는 뜻의 지시 대명사로도 쓸 수 있으며, 참고로 '이/그/저건 뭐지?'와 같이 잘 알지 못하거나 막연한 대상을 지칭할 땐 '중성 지시 대명사(esto, eso, aquello)'를 써서 말합니다.

		남성형	여성형	중성형
이것	단수	este	esta	esto
	복수	estos	estas	
그것	단수	ese	esa	eso
	복수	esos	esas	
저것	단수	aquel	aquella	aquello
	복수	aquellos	aquellas	

02. 스페인어로 스스로 작문할 수 있는지 테스트해 보세요.　　　(정답 p.080)

① 이 책은 흥미로워.

　→

② 이 고양이들은 귀여워.

　→

③ 이 자전거는 가벼워.

　→

④ 그 자동차는 예씨의 것이야.

　→

⑤ 그 휴대폰은 마리아의 것이야.

　→

⑥ 그 컵들은 플라스틱으로 되어 있어.

　→

⑦ 그 테이블은 금으로 되어 있어.

　→

⑧ 저것은 예씨의 집이야.

　→

⑨ 저 여자애는 한국 출신이야.

　→

⑩ 저 와인은 칠레산이야.

　→

① Este libro es interesante.

② Estos gatos son monos.

③ Esta bicicleta es ligera.

④ Ese coche es de Yessi.

⑤ Ese móvil es de María.

⑥ Esos vasos son de plástico.

⑦ Esa mesa es de oro.

⑧ Aquella es la casa de Yessi.

⑨ Aquella chica es de Corea del Sur.

⑩ Aquel vino es de Chile.

MEMO 틀린 문장이 있을 경우 아래에 몇 번씩 반복해서 써보세요.

LECCIÓN 05

위치와 상태 말하기

Estoy aquí.

나는 여기 있어.

① estar = (위치) ~ 있다; (상태) ~이다 → 불규칙 변화하는 동사

주어	estar
yo	estoy
tú	estás
él, ella, usted	está

estar+aquí/ahí/allí = 여기/거기/저기 있다
- aquí = 여기 (화자 근처의 장소)
- ahí = 거기 (청자 근처의 장소)
- allí = 저기 (화자/청자에게 모두 먼 장소)

② yo+estar+aquí → Estoy aquí. = 나는 여기 있어.

MP3 듣고 따라 말하며 세 번씩 써보기 🎧 mp3 081

①

②

③

응용해서 써본 후 MP3 듣고 따라 말하기 🎧 mp3 082

① 화장실은 저기 있어. [화장실 = m. baño]

　→

② 네 책은 여기 있어.

　→

① El baño está allí.

② Tu libro está aquí.

Estamos en la oficina.

우리는 사무실에 있어.

①

주어	estar
nosotros/-as	estamos
vosotros/-as	estáis
ellos, ellas, ustedes	están

en 장소 = ~에

estar+en 장소 = ~에 **있다**

f. oficina = 사무실

estar en la oficina = 사무실에 **있다**

② ~~nosotros/-as~~+estar+en la oficina

→ Estamos en la oficina. = 우리는 사무실에 있어.

MP3 듣고 따라 말하며 세 번씩 써보기	∩ mp3 083

①

②

③

응용해서 써본 후 MP3 듣고 따라 말하기	∩ mp3 084

① 너희는 집에 있니? ['집에'라고 할 땐 보통 집(casa) 앞에 관사를 안 붙이고 말함]

→

② 그들은 거리에 있어. [거리 = f. calle]

→

① ¿Estáis en casa?

② Ellos están en la calle.

Tu llave está encima de la mesa.

네 열쇠는 테이블 위에 있어.

① f. llave = 열쇠 / f. mesa = 테이블

encima de ~ = ~의 위에 → encima de la mesa = 테이블 위에

Tu llave está <u>encima de</u> la mesa. = 네 열쇠는 <u>테이블 위에</u> 있어.

② debajo de ~ = ~의 아래에

debajo de la mesa = 테이블 아래에

Tu llave está <u>debajo de</u> la mesa. = 네 열쇠는 <u>테이블 아래에</u> 있어.

MP3 듣고 따라 말하며 세 번씩 써보기　　　　　　　　　　🎧 mp3 085

①

②

③

응용해서 써본 후 MP3 듣고 따라 말하기　　　　　　　　　　🎧 mp3 086

① 화장실은 여기서 멀리 있어. [~에서 멀리 = lejos de ~]

　→

② 네 공은 의자 아래에 있어. [공 = f. pelota]

　→

---

① El baño está lejos de aquí.

② Tu pelota está debajo de la silla.

Tu móvil está al lado del libro.

네 휴대폰은 책 옆에 있어.

① a = (전치사) ~에; ~(으)로 / de = (전치사) ~의 / m. lado = 옆

　a el lado de ~ = ~의 옆에

　a el lado de el libro = 책의 옆에

② 전치사 'a, de' 뒤에 남성 정관사 'el'이 오면 'a+el → al, de+el → del'과 같이 축약해

　서 사용합니다. (ex) a el lado de el libro → al lado del libro

　Tu móvil está al lado del libro. = 네 휴대폰은 책 옆에 있어.

MP3 듣고 따라 말하며 세 번씩 써보기　　　　　　　　　　🎧 mp3 087

① _____

② _____

③ _____

응용해서 써본 후 MP3 듣고 따라 말하기　　　　　　　　　🎧 mp3 088

① 고양이는 화장실 앞에 있어. [~의 앞에 = delante de ~]

　→

② 공은 의자 뒤에 있어. [~의 뒤에 = detrás de ~]

　→

---

① El gato está delante del baño.

② La pelota está detrás de la silla.

Estoy resfriado.

나 감기 걸렸어.

① estar+형용사/부사 = (상태가) ~이다 → 안부 인사, 혹은 일시적인 기분이나 상태 등을 나타 낼 때 'estar+형용사/부사'를 써서 말할 수 있습니다.

(ex) estar+bien(잘) = 잘 있는 상태이다 ('괜찮다'라는 의미로도 사용 가능)

(ex) estar+resfriado/-a(감기 걸린) = 감기 걸린 상태이다 → 감기 걸리다

② Estoy bien. = 난 잘 지내. (부사(bien)는 형태 변화가 없음)

Estoy resfriado. = 나(남성) 감기 걸렸어. (형용사는 주어의 성/수에 맞게 형태 변화)

MP3 듣고 따라 말하며 세 번씩 써보기	🎧 mp3 089
①	
②	
③	

응용해서 써본 후 MP3 듣고 따라 말하기	🎧 mp3 090

① 우리 어머니는 바쁘셔. [바쁜 = ocupado/-a]

→

② 그들은 피곤한 상태야. [피곤한 = cansado/-a]

→

① Mi madre está ocupada.

② Ellos están cansados.

Estoy enamorado de ti.

나는 너에게 사랑에 빠졌어.

① enamorado/-a = 사랑에 빠진, 반한

　enamorado/-a de ~ = ~에게 사랑에 빠진(반한)

　Estoy enamorado de María. = 나(남성)는 마리아에게 사랑에 빠졌어.

② 전치사 뒤에 인칭대명사 yo, tú가 올 경우, 아래와 같이 형태가 바뀝니다.

　de yo → de mí / de tú → de ti

　Estoy enamorado de ti. = 나(남성)는 너에게 사랑에 빠졌어.

MP3 듣고 따라 말하며 세 번씩 써보기	∩ mp3 091

①

②

③

응용해서 써본 후 MP3 듣고 따라 말하기	∩ mp3 092

① 나(여성)는 내 남자친구에게 화가 나. [~에게 화가 난 = enfadado/-a con ~]

　→

② 그는 내게 사랑에 빠졌어.

　→

① Estoy enfadada con mi novio.

② Él está enamorado de mí.

María está muy guapa con ese vestido.

마리아는 그 원피스 입으면 정말 예뻐.

① guapo/-a = 잘생긴, 예쁜

　　ser guapo/-a = (본래 가지고 있는 특징으로서) 잘생겼다, 예쁘다

　　estar guapo/-a = (특정 상황/시점 하에 일시적인 상태로서) 잘생겼다, 예쁘다

② m. vestido = 원피스 / con = ~와 함께

　　María está muy guapa con ese vestido.

　　= 마리아는 그 원피스와 함께하면(= 그 원피스 입으면) 정말 예뻐.

MP3 듣고 따라 말하며 세 번씩 써보기	🎧 mp3 093

①

②

③

응용해서 써본 후 MP3 듣고 따라 말하기	🎧 mp3 094

① 너 그 블라우스 입으니까 정말 우아해. [우아한 = elegante, 블라우스 = f. blusa]

　　→

② 너(남성) 정말 날씬해졌어. [날씬한 = delgado/-a]

　　→

① Estás muy elegante con esa blusa.

② Estás muy delgado.

La sopa está caliente.

수프가 뜨거워.

① [사물+estar+형용사] = 사물의 상태가 ~하다 (형용사는 사물 주어의 성/수에 맞춰 씀)

② m. café = 커피 / f. mano = 손 / f. sopa = 수프

frío/-a = 차가운 / caliente = 뜨거운

El café está frío. = 커피가 차가워.

Las manos están frías. = 손들(양손)이 차가워.

La sopa está caliente. = 수프가 뜨거워.

MP3 듣고 따라 말하며 세 번씩 써보기   🎧 mp3 095

① _____

② _____

③ _____

응용해서 써본 후 MP3 듣고 따라 말하기   🎧 mp3 096

① 접시가 깨끗해. [접시 = m. plato, 깨끗한 = limpio/-a]

→ _____

② 의자가 더러워. [더러운 = sucio/-a]

→ _____

---

① El plato está limpio.

② La silla está sucia.

Estoy a punto de cenar.

나는 막 저녁 먹으려던 참이야.

① m. punto = 점, 포인트

estar a punto de 동사원형 = 막 ~하려던 참이다

(위 표현은 통째로 외워서 활용하세요!)

② cenar = 저녁 식사를 하다

estar a punto de cenar = 막 저녁 먹으려던 참이다

Estoy a punto de cenar. = 나는 막 저녁 먹으려던 참이야.

MP3 듣고 따라 말하며 세 번씩 써보기	🎧 mp3 097

① _____

② _____

③ _____

응용해서 써본 후 MP3 듣고 따라 말하기	🎧 mp3 098

① 우리는 막 아침을 먹으려던 참이야. [아침을 먹다 = desayunar]

→ _____

② 그들은 막 점심을 먹으려던 참이야. [점심을 먹다 = almorzar]

→ _____

---

① Estamos a punto de desayunar.

② Ellos están a punto de almorzar.

Estoy listo para salir.

난 **나갈** 준비가 됐어.

① listo/-a = 준비된 / para = ~을 위한, ~을 위해

estar listo/-a para 동사원형 = ~할 준비가 된 상태이다 (= ~할 준비가 되다)

salir = 나가다 → Estoy listo para salir. = 난(남성) 나갈 준비가 됐어.

② 같은 형용사도 ser와 estar 중 뭘 쓰느냐에 따라 뜻이 달라지는 경우도 있습니다.

ser listo/-a = (본질적인 특징으로서) 똑똑하다

estar listo/-a = (일시적인 상태로서) 준비되다

MP3 듣고 따라 말하며 세 번씩 써보기	∩ mp3 099
①	
②	
③	

응용해서 써본 후 MP3 듣고 따라 말하기	∩ mp3 100

① 너(여성)는 저녁 먹을 준비가 됐니?

→

② 후안은 매우 똑똑해.

→

① ¿Estás lista para cenar?

② Juan es muy listo.

01. 앞서 배운 내용 중 주요 문법 및 표현을 정리해 봅시다.

☐ 'estar' 동사의 현재 시제 변화

'(위치) ~ 있다; (상태) ~이다'라는 뜻의 'estar'라는 동사는 주어별 불규칙 변화를 합니다. 아래는 'estar'의 현재 시제 형태 변화를 표로 정리한 것입니다.

(현재 시제 기준)

yo	estoy	nosotros/-as	estamos
tú	estás	vosotros/-as	estáis
él, ella, usted	está	ellos, ellas, ustedes	están

☐ 'estar' 동사의 활용법

estar는 무엇이 어떤 위치에 있는지, 그리고 사람/사물의 일시적인 기분/상태가 어떠한지 말할 때 쓸 수 있는 동사입니다. 아래는 estar를 활용한 다양한 표현 예시입니다.

• estar aquí/ahí/allí/en 장소 = 여기/거기/저기/~에 있다
• estar encima/debajo de ~ = ~의 위/아래에 있다
• estar delante/detrás de ~ = ~의 앞/뒤에 있다
• estar al lado de ~ = ~의 옆에 있다
• estar lejos/cerca de ~ = ~의 멀리/가까이 있다
• estar 형용사/부사 = (기분, 상태가) ~하다
• estar a punto de 동사원형 = 막 ~하려던 참이다
• estar listo/-a para 동사원형 = ~할 준비가 되다

☐ 'ser'와 'estar'의 차이점

ser 동사는 주어의 이름/출신/직업/외모/성격/특징과 같은 본질적인 속성을 표현할 때 사용하며, estar 동사는 주어의 위치나 일시적인 기분/상태를 나타낼 때 사용합니다. 이 차이점을 잘 기억해 두세요.

02. 스페인어로 스스로 작문할 수 있는지 테스트해 보세요. (정답 p.094)

① 화장실은 저기 있어.

　　→

② 우리는 사무실에 있어.

　　→

③ 네 열쇠는 테이블 위에 있어.

　　→

④ 네 휴대폰은 책 옆에 있어.

　　→

⑤ 알리씨아는 감기에 걸렸어.

　　→

⑥ 나(남성)는 네게 사랑에 빠졌어.

　　→

⑦ 마리아는 그 원피스를 입으면 정말 예뻐.

　　→

⑧ 수프가 뜨거워.

　　→

⑨ 나는 막 아침을 먹으려던 참이야.

　　→

⑩ 너(여성) 나갈 준비됐니?

　　→

① El baño está allí.

② Estamos en la oficina.

③ Tu llave está encima de la mesa.

④ Tu móvil está al lado del libro.

⑤ Alicia está resfriada.

⑥ Estoy enamorado de ti.

⑦ María está muy guapa con ese vestido.

⑧ La sopa está caliente.

⑨ Estoy a punto de desayunar.

⑩ ¿Estás lista para salir?

MEMO 틀린 문장이 있을 경우 아래에 몇 번씩 반복해서 써보세요.

LECCIÓN 06

시간, 요일, 날짜 말하기

Son las cinco y diez.

5시 10분이야.

① ser+la/las(여성 정관사)+숫자 = ~시이다

Es la 단수 시간. → Es la una. = 1시이다.

Son las 복수 시간. → Son las dos. = 2시이다.

시간(hora)는 여성 명사이므로 '1시'는 una로 표현합니다.

② Es/Son la/las 숫자 y 숫자. = ~시 ~분이다. (y = 그리고)

Son las cinco y diez. = 5시 10분이야. (숫자 1~10 표기법 Introducción 참고)

MP3 듣고 따라 말하며 세 번씩 써보기	🎧 mp3 101

①

②

③

응용해서 써본 후 MP3 듣고 따라 말하기	🎧 mp3 102

① 1시 8분이야.

→

② 7시 4분이야.

→

① Es la una y ocho.

② Son las siete y cuatro.

Son las once menos cinco.

11시 5분 전이야.

①

11	12	13	14	15
once	doce	trece	catorce	quince
16	17	18	19	20
dieciséis	diecisiete	dieciocho	diecinueve	veinte

② menos = 덜; ~분 전

Son las once menos cinco. = 11시 5분 전이야.

MP3 듣고 따라 말하며 세 번씩 써보기　　　　　　　🎧 mp3 103

①

②

③

응용해서 써본 후 MP3 듣고 따라 말하기　　　　　　　🎧 mp3 104

① 1시 15분 전이야. ['15분'을 말할 땐 'cuarto(4분의 1)'을 써서 자주 말함]

　→

② 12시 10분 전이야.

　→

---

① Es la una menos cuarto(quince).

② Son las doce menos diez.

Son las siete de la mañana.

오전 7시야.

① f. mañana = 오전, 아침 / f. tarde = 오후 / f. noche = 밤

la/las 숫자 de la mañana/tarde/noche. = 오전/오후/밤 ~시

②

21	22	23	24	25
veintiuno	veintidós	veintitrés	veinticuatro	veinticinco
26	27	28	29	30
veintiséis	veintisiete	veintiocho	veintinueve	treinta

MP3 듣고 따라 말하며 세 번씩 써보기	∩ mp3 105

①

②

③

응용해서 써본 후 MP3 듣고 따라 말하기	∩ mp3 106

① 오전 8시 반(30분)이야. ['30분'을 말할 땐 'media(반)'을 써서 자주 말함]

→

② 밤 9시 25분이야.

→

① Son las ocho y media(treinta) de la mañana.

② Son las nueve y veinticinco de la noche.

Normalmente desayuno a las nueve.

난 보통 9시에 아침을 먹어.

① 전치사 'a'는 목적어가 사람일 때 그 앞에 붙여서 쓰거나 '~에(~로)'라는 의미로도 사용되지만

　이를 시간 앞에 붙여 'a la/las 숫자 = ~시에'와 같이 사용하기도 합니다.

　a la una = 1시에 / a las dos = 2시에

　a las tres y cuarto = 3시 15분에 / a las cinco y media = 5시 반에

② desayunar = 아침 식사를 하다 / normalmente = 보통

　Normalmente desayuno a las nueve. = 난 보통 9시에 아침을 먹어.

MP3 듣고 따라 말하며 세 번씩 써보기	🎧 mp3 107

①

②

③

응용해서 써본 후 MP3 듣고 따라 말하기	🎧 mp3 108

① 난 보통 7시 반에 저녁을 먹어.

　→

② 우리는 8시에 아침을 먹어.

　→

---

① Normalmente ceno a las siete y media.

② Desayunamos a las ocho.

> # Trabajo desde las ocho hasta las seis.
>
> ## 나는 8시부터 6시까지 일해.

① desde ~ = ~부터 / hasta = ~까지

desde las ocho hasta las seis = 8시부터 6시까지

Trabajo desde las ocho hasta las seis. = 나는 8시부터 6시까지 일해.

② 숫자 31부터는 아래와 같은 규칙에 따라 표기하시면 됩니다.

30 = treinta / 31 = treinta y uno, 32 = treinta y dos, …

40 = cuarenta / 41 = cuarenta y uno, 42 = cuarenta y dos, …

MP3 듣고 따라 말하며 세 번씩 써보기	🎧 mp3 109
①	
②	
③	

응용해서 써본 후 MP3 듣고 따라 말하기	🎧 mp3 110

① 나는 1시부터 7시까지 공부해.

→

② 우리는 9시부터 11시까지 저녁을 먹어.

→

① Estudio desde la una hasta las siete.
② Cenamos desde las nueve hasta las once.

María no sale mucho por la noche.

마리아는 밤에 많이 나가지 않아.

① 특정 시간을 함께 언급하지 않고 그냥 '오전/오후/밤에'라고만 말할 땐 전치사 por를 써서 말합니다. → por la mañana/tarde/noche = 오전/오후/밤에

② salir = 나가다 (salir는 (현재 시제를 기준으로) 1인칭 주어(yo)가 올 때만 salgo와 같이 불규칙하게 변하고, 나머지 주어들이 올 땐 Lección 1에서 배웠던 '-ir' 동사의 주어별 변화 규칙에 따라 변합니다.) / mucho = 많이

María no sale mucho por la noche. = 마리아는 밤에 많이 나가지 않아.

MP3 듣고 따라 말하며 세 번씩 써보기	🎧 mp3 111

①

②

③

응용해서 써본 후 MP3 듣고 따라 말하기	🎧 mp3 112

① 후안은 아침에 일하고 밤에 공부해.

→

② 나는 오후에 스페인어를 공부해.

→

① Juan trabaja por la mañana y estudia por la noche.

② Estudio español por la tarde.

Mi cumpleaños es el dos de noviembre.

내 생일은 11월 2일이야.

①

1월	2월	3월	4월	5월	6월
enero	febrero	marzo	abril	mayo	junio
7월	8월	9월	10월	11월	12월
julio	agosto	septiembre	octubre	noviembre	diciembre

② 정관사(el)+숫자(날짜)+de+월 = ~월 ~일 / m. cumpleaños = 생일

Mi cumpleaños es el dos de noviembre. = 내 생일은 11월 2일이야.

MP3 듣고 따라 말하며 세 번씩 써보기	∩ mp3 113

①

②

③

응용해서 써본 후 MP3 듣고 따라 말하기	∩ mp3 114

① 시험은 8월 30일이야. [시험 = m. examen]

→

② 콘서트는 2월 28일이야. [콘서트 = m. concierto]

→

① El examen es el treinta de agosto.

② El concierto es el veintiocho de febrero.

La fiesta es el martes.

파티는 화요일이야.

①

월요일(에)	화요일(에)	수요일(에)	목요일(에)	금요일(에)
el lunes	el martes	el miércoles	el jueves	el viernes

토요일(에)	일요일(에)	
el sábado	el domingo	

요일을 정관사(el)와 함께 말하면 특정한 요일을 지칭합니다.

② f. fiesta = 파티

La fiesta es el martes. = 파티는 화요일이야.

MP3 듣고 따라 말하며 세 번씩 써보기 🎧 mp3 115

①

②

③

응용해서 써본 후 MP3 듣고 따라 말하기 🎧 mp3 116

① 토요일이 내 생일이야.

→

② 결혼식은 금요일이야. [결혼식 = f. boda]

→

---

① El sábado es mi cumpleaños.

② La boda es el viernes.

Veo una película los sábados.

나는 토요일마다 영화 한 편을 봐.

① 정관사(los) lunes/martes/miércoles/jueves/viernes/sábados/domingos
   = 월요일/화요일/수요일/목요일/금요일/토요일/일요일마다

② ver = 보다 (ver는 (현재 시제를 기준으로) 1인칭 주어(yo)가 올 때만 veo와 같이 불규칙하
게 변하고, 나머지 주어들이 올 땐 Lección 1에서 배웠던 '-er' 동사의 주어별 변화 규칙에
따라 변합니다.) / f. película = 영화 → una película = 영화 한 편
Veo una película los sábados. = 난 토요일마다 영화 한 편을 봐.

MP3 듣고 따라 말하며 세 번씩 써보기   🎧 mp3 117

①

②

③

응용해서 써본 후 MP3 듣고 따라 말하기   🎧 mp3 118

① 우리는 일요일마다 TV를 봐. [TV를 보다 = ver la televisión]

→

② 그들은 금요일마다 고기를 먹어. [고기 = f. carne]

→

| ① Vemos la televisión los domingos. |
| ② Ellos comen carne los viernes. |

Hago ejercicio los martes y los domingos.

나는 화요일과 일요일마다 운동해.

① 요일(1) y 요일(2) = ~요일(1)과 ~요일(2)

② hacer = 하다, 만들다 (hacer는 (현재 시제를 기준으로) 1인칭 주어(yo)가 올 때만 <u>hago</u>
와 같이 불규칙하게 변하고, 나머지 주어들이 올 땐 Lección 1에서 배웠던 '-er' 동사의 주어
별 변화 규칙에 따라 변합니다.)

hacer ejercicio = 운동하다

Hago ejercicio <u>los martes</u> y <u>los domingos</u>. = 난 <u>화요일</u>과 <u>일요일마다</u> 운동해.

MP3 듣고 따라 말하며 세 번씩 써보기	∩ mp3 119

①

②

③

응용해서 써본 후 MP3 듣고 따라 말하기	∩ mp3 120

① 나는 수요일과 목요일마다 스페인어를 배워. [배우다 = aprender]

→

② 내 남편은 월요일마다 빠에야를 요리해. [남편 = m. marido, 요리하다 = cocinar, 빠에야 = f. paella]

→

---

① Aprendo español los miércoles y los jueves.

② Mi marido cocina paella los lunes.

01. 앞서 배운 내용 중 주요 문법 및 표현을 정리해 봅시다.

☐ 스페인어로 숫자 말하기

0	1	2	3	4
cero	uno	dos	tres	cuatro
5	6	7	8	9
cinco	seis	siete	ocho	nueve
10	11	12	13	14
diez	once	doce	trece	catorce
15	16	17	18	19
quince	dieciséis	diecisiete	dieciocho	diecinueve
20	21	22	23	24
veinte	veintiuno	veintidós	veintitrés	veinticuatro
25	26	27	28	29
veinticinco	veintiséis	veintisiete	veintiocho	veintinueve

30	31	32	33
treinta	treinta y uno	treinta y dos	treinta y tres

34	35	36
treinta y cuatro	treinta y cinco	treinta y seis

37	38	39
treinta y siete	treinta y ocho	treinta y nueve

40	50	60	70	80	90
cuarenta	cincuenta	sesenta	setenta	ochenta	noventa

□ 스페인어로 월 말하기

정관사(el)+숫자(날짜)+de+월 = ~월 ~일 ('월' 앞에는 정관사를 붙이지 않음)

1월	2월	3월	4월
enero	febrero	marzo	abril
5월	6월	7월	8월
mayo	junio	julio	agosto
9월	10월	11월	12월
septiembre	octubre	noviembre	diciembre

□ 스페인어로 요일 말하기 (1)

남성 단수 명사 앞에 붙는 정관사 'el'을 붙여 말하면 특정한 요일을 지칭합니다.

월요일(에)	화요일(에)	수요일(에)	목요일(에)
el lunes	el martes	el miércoles	el jueves
금요일(에)		토요일(에)	일요일(에)
el viernes		el sábado	el domingo

□ 스페인어로 요일 말하기 (2)

남성 복수 명사 앞에 붙는 정관사 'los'를 붙여 말하면 '~요일마다'라는 뜻이 됩니다.

월요일마다	화요일마다	수요일마다	목요일마다
los lunes	los martes	los miércoles	los jueves
금요일마다		토요일마다	일요일마다
los viernes		los sábados	los domingos

□ 스페인어로 시간 말하기

- ser la/las 숫자(시간) y 숫자(분) = ~시 ~분이다
- ser la/las 숫자(시간) menos 숫자(분) = ~시 ~분 전이다
- ser la/las 숫자(시간) de la mañana = 오전 ~시이다
- ser la/las 숫자(시간) de la tarde = 오후 ~시이다
- ser la/las 숫자(시간) de la noche = 밤 ~시이다
- a la/las 숫자(시간) = ~시에
- por la mañana = 오전에
- por la tarde = 오후에
- por la noche = 밤에

□ salir, ver, hacer 동사의 주어별 변화 형태

앞서 배운 'salir, ver, hacer' 동사들은 주어가 1인칭 단수(yo)일 경우 Lección 1에서 배웠던 변화 규칙을 따르지 않고 아래와 같이 불규칙하게 변화합니다. (현재 시제 기준)

	salir 나가다	ver 보다	hacer 하다, 만들다
yo	salgo	veo	hago
tú	sales	ves	haces
él, ella, usted	sale	ve	hace
nosotros/-as	salimos	vemos	hacemos
vosotros/-as	salís	veis	hacéis
ellos, ellas, ustedes	salen	ven	hacen

02. 스페인어로 스스로 작문할 수 있는지 테스트해 보세요. (정답 p.110)

① 10시 25분이야.

→

② 12시 5분 전이야.

→

③ 오전 8시 반이야.

→

④ 보통 나는 9시에 저녁을 먹어.

→

⑤ 나는 8시부터 5시까지 일해.

→

⑥ 우리는 밤에 많이 나가지 않아.

→

⑦ 내 생일은 5월 10일이야.

→

⑧ 파티는 토요일이야.

→

⑨ 일요일마다 나는 영화 한 편을 봐.

→

⑩ 화요일과 목요일마다 나는 운동을 해.

→

① Son las diez y veinticinco.

② Son las doce menos cinco.

③ Son las ocho y media de la mañana.

④ Normalmente ceno a las nueve.

⑤ Trabajo desde las ocho hasta las cinco.

⑥ No salimos mucho por la noche.

⑦ Mi cumpleaños es el diez de mayo.

⑧ La fiesta es el sábado.

⑨ Veo una película los domingos.

⑩ Hago ejercicio los martes y los jueves.

MEMO 틀린 문장이 있을 경우 아래에 몇 번씩 반복해서 써보세요.

LECCIÓN 07

지금 이 순간, 요즘에 하는 일 말하기

> # Estoy tocando el piano.
>
> ## 나는 피아노를 연주하고 있어.

① estar+동사의 현재분사형 = ~하는 중이다, ~하고 있다

　'-ar' 동사의 현재분사형은 '-ar → -ando'와 같이 바꿔 주면 됩니다.

　hablar(말하다) → hablando / trabajar(일하다) → trabajando

② tocar = 만지다; 연주하다 / m. piano = 피아노

　tocar el piano = 피아노를 연주하다

　<u>Estoy tocando</u> el piano. = <u>나는 피아노를 연주하고 있어</u>.

MP3 듣고 따라 말하며 세 번씩 써보기　　　　　🎧 mp3 121

①

②

③

응용해서 써본 후 MP3 듣고 따라 말하기　　　　　🎧 mp3 122

① 나는 빠에야를 요리하고 있어. [요리하다 = cocinar]

　→

② 마리아는 후안과 춤추고 있어. [춤추다 = bailar]

　→

| ① Estoy cocinando paella. |
| ② María está bailando con Juan. |

Los niños están jugando al fútbol.

아이들은 축구를 하고 있어.

① jugar = 놀다; 경기/시합을 하다

　jugar+a+스포츠명 = ~을 하다 (전치사 a를 스포츠명 앞에 붙여서 씀)

　m. fútbol = 축구 → jugar al fútbol = 축구를 하다

　(전치사 a 뒤에 남성 단수 정관사 el이 오면 'al'로 축약할 수 있다고 배웠죠?)

② m.f. niño/-a = 아이, 어린이

　Los niños están jugando al fútbol. = 아이들은 축구를 하고 있어.

MP3 듣고 따라 말하며 세 번씩 써보기	∩ mp3 123

①

②

③

응용해서 써본 후 MP3 듣고 따라 말하기	∩ mp3 124

① 우리는 농구를 하고 있어. [농구를 하다 = jugar al baloncesto]

　→

② 빠블로는 골프를 치고 있어. [골프를 치다 = jugar al golf]

　→

① Estamos jugando al baloncesto.

② Pablo está jugando al golf.

Daniel está viendo la televisión.

다니엘은 TV를 보고 있어.

① '-er, -ir' 동사의 현재분사형은 '-er/-ir → -iendo'와 같이 바꿔 주면 됩니다.

beber(마시다) → bebiendo / vivir(살다) → viviendo

② f. televisión = TV ('-ción, -sión'으로 끝나는 명사는 여성 명사, 그리고 일상 회화에서

는 televisión을 tele라고 줄여서 많이 말함)

ver = 보다 → ver la televisión = TV를 보다

Daniel está viendo la televisión. = 다니엘은 TV를 보고 있어.

MP3 듣고 따라 말하며 세 번씩 써보기	∩ mp3 125
①	
②	
③	

응용해서 써본 후 MP3 듣고 따라 말하기	∩ mp3 126

① 나는 영어를 배우고 있어. [배우다 = aprender]

→

② 너는 무언가를 쓰고 있니? [쓰다 = escribir, 무언가 = algo]

→

① Estoy aprendiendo inglés.

② ¿Estás escribiendo algo?

Últimamente mi marido está haciendo la cena.

최근에 우리 남편이 저녁을 짓고 있어.

① últimamente = 최근에 ('estar+동사의 현재분사형' 표현과 함께 사용하면 최근에 일시적
으로 어떤 일을 하고 있는지 말할 수 있습니다.)

② f. cena = 저녁 식사

hacer = 하다; 만들다 → hacer la cena = 저녁 식사를 만들다, 저녁을 짓다

Últimamente mi marido está haciendo la cena.

= 최근에 우리 남편이 저녁을 짓고 있어.

MP3 듣고 따라 말하며 세 번씩 써보기	🎧 mp3 127
①	
②	
③	

응용해서 써본 후 MP3 듣고 따라 말하기	🎧 mp3 128

① 최근에 나는 지나치게 (많이) 먹고 있어. [지나치게 = demasiado]

→

② 최근에 나는 부산에서 일하고 있어.

→

① Últimamente estoy comiendo demasiado.

② Últimamente estoy trabajando en Busan.

Este mes estoy aprendiendo a nadar.

이번 달에 나는 수영하는 걸 배우고 있어.

① aprender+a+동사원형 = ~하는 걸 배우다

nadar = 수영하다

→ aprender a nadar = 수영하는 걸 배우다

② m. mes = 달 → este mes = 이번 달, 이달

Este mes estoy aprendiendo a nadar.

= 이번 달에 나는 수영하는 걸 배우고 있어.

MP3 듣고 따라 말하며 세 번씩 써보기	🎧 mp3 129

①

②

③

응용해서 써본 후 MP3 듣고 따라 말하기	🎧 mp3 130

① 이번 달에 내 아내는 스페인어를 공부하고 있어. [아내 = f. mujer]

→

② 이번 달에 나는 일요일마다 테니스를 치고 있어. [테니스를 치다 = jugar al tenis]

→

---

① Este mes mi mujer está estudiando español.

② Este mes estoy jugando al tenis los domingos.

> # Este año estoy leyendo mucho.
>
> ## 올해 나는 독서를 많이 하고 있어.

① 동사의 현재분사형 중엔 앞서 배운 규칙을 벗어나 불규칙하게 변하는 것들도 있습니다.

　　leer = 읽다; 독서하다

　　→ le<u>iendo</u> (X) / le<u>yendo</u> (O) - '-iendo'가 아닌 '-yendo'

② m. año = 해, 연(年) → este año = 이번 해, 올해

　　Este año <u>estoy leyendo</u> mucho.

　　= 올해 <u>나는 독서를</u> 많이 <u>하고 있어.</u>

MP3 듣고 따라 말하며 세 번씩 써보기	🎧 mp3 131

①

②

③

응용해서 써본 후 MP3 듣고 따라 말하기	🎧 mp3 132

① 올해 나는 신문을 읽고 있어. [신문을 읽다 = leer el periódico]

　　→

② 이번 주에 내가 저녁을 준비하고 있어. [이번 주 = esta semana, 준비하다 = preparar]

　　→

---

① Este año estoy leyendo el periódico.

② Esta semana estoy preparando la cena.

117

Mi hijo está jugando con el móvil todo el día.

우리 아들은 하루 종일 휴대폰만 하고 있어.

① jugar(놀다)+con(~으로)+명사 = ~으로(~을 가지고) 놀다 / m. móvil = 휴대폰

   jugar con el móvil = 휴대폰을 가지고 놀다, 휴대폰을 하다

② todo/-a+정관사+명사 = 모든 ~ / m. día = 낮; 하루

   todo el día = 모든 하루 ('하루 종일'로 해석 가능) / m. hijo = 아들

   Mi hijo está jugando con el móvil todo el día.

   = 우리 아들은 하루 종일 휴대폰만 하고 있어.

MP3 듣고 따라 말하며 세 번씩 써보기	🎧 mp3 133
①	
②	
③	

응용해서 써본 후 MP3 듣고 따라 말하기	🎧 mp3 134

① 나는 항상 음악을 듣고 있어. [항상 = siempre, 음악을 듣다 = escuchar música]

   →

② 우리 아버지는 하루 종일 일하고 계셔.

   →

① Siempre estoy escuchando música.

② Mi padre está trabajando todo el día.

01. 앞서 배운 내용 중 주요 문법 및 표현을 정리해 봅시다.

☐ estar+동사의 현재분사형

'estar+동사의 현재분사형'은 '~하는 중이다, ~하고 있다'는 뜻으로서 지금 이 시점에 하고 있는 일부터 최근에 하고 있는 일까지 말할 수 있는 표현입니다. 동사의 현재분사형은 '-ar → -ando', '-er/-ir → -iendo'와 같이 만들고, 참고로 'leer → leyendo'와 같이 불규칙한 형태의 현재분사형도 있으니 주의하세요.

	estar
yo	estoy
tú	estás
él, ella, usted	está
nosotros/-as	estamos
vosotros/-as	estáis
ellos, ellas, ustedes	están

-ar	-er, -ir
[현재분사형] -ando	[현재분사형] -iendo

☐ 핵심 표현 총정리

• jugar a 스포츠명 = ~을 하다

 jugar al fútbol = 축구를 하다 / jugar al baloncesto = 농구를 하다

 jugar al golf = 골프를 치다 / jugar al tenis = 테니스를 치다

• aprender a 동사원형 = ~하는 걸 배우다

 aprender a nadar = 수영하는 걸 배우다

• jugar con 명사 = ~을 가지고 놀다

 jugar con el móvil = 휴대폰을 가지고 놀다, 휴대폰을 하다

02. 스페인어로 스스로 작문할 수 있는지 테스트해 보세요.

① 마리아는 피아노를 치고 있어.

　→

② 아이들은 축구를 하고 있어.

　→

③ 우리는 TV를 보고 있어.

　→

④ 최근에 우리 남편이 저녁을 짓고 있어.

　→

⑤ 최근에 나는 서울에서 일하고 있어.

　→

⑥ 이번 달에 나는 수영하는 걸 배우고 있어.

　→

⑦ 이번 달에 나는 일요일마다 골프를 치고 있어.

　→

⑧ 올해 나는 독서를 많이 하고 있어.

　→

⑨ 우리 아들은 하루 종일 휴대폰만 하고 있어.

　→

⑩ 우리 어머니는 하루 종일 일하고 계셔.

　→

① María está tocando el piano.

② Los niños están jugando al fútbol.

③ Estamos viendo la televisión.

④ Últimamente mi marido está haciendo la cena.

⑤ Últimamente estoy trabajando en Seúl.

⑥ Este mes estoy aprendiendo a nadar.

⑦ Este mes estoy jugando al golf los domingos.

⑧ Este año estoy leyendo mucho.

⑨ Mi hijo está jugando con el móvil todo el día.

⑩ Mi madre está trabajando todo el día.

MEMO 틀린 문장이 있을 경우 아래에 몇 번씩 반복해서 써보세요.

LECCIÓN 08

무엇이 있고 없는지 말하기

Hay un cine por aquí.

이 근처에 영화관 하나가 있어.

① hay+명사 = ~이/가 있다, ~이/가 존재하다

 hay 동사는 뒤에 단수 명사가 오든 복수 명사가 오든 형태가 변하지 않습니다.

② '하나의; 어떤; 몇몇의'라는 뜻의 부정관사는 성/수에 따라 4가지 형태가 있습니다.

 → un+남성(단수) / una+여성(단수) / unos+남성(복수) / unas+여성(복수)

 m. cine = 영화관 → un cine = 하나의 영화관 / por aquí = 이 근처에

 Hay un cine por aquí. = 이 근처에 영화관 하나가 있어.

MP3 듣고 따라 말하며 세 번씩 써보기	🎧 mp3 135

①

②

③

응용해서 써본 후 MP3 듣고 따라 말하기	🎧 mp3 136

① 공원에 고양이가 한 마리 있어. [공원 = m. parque]

 →

② 내 방에 침대 하나가 있어. [방 = f. habitación, 침대 = f. cama]

 →

---

① Hay un gato en el parque.

② Hay una cama en mi habitación.

Hay unos chicos españoles en el bar.

바에 스페인 남자애들 몇 명이 있어.

① 부정관사+복수 명사 = 몇몇의 ~

unos chicos = 몇몇의 남자애들 → 남자애들 몇 명

unas chicas = 몇몇의 여자애들 → 여자애들 몇 명

② m. bar = 바 / chicos españoles = 스페인 남자애들

Hay <u>unos chicos españoles</u> en el bar.

= 바에 <u>스페인 남자애들 몇 명</u>이 있어.

MP3 듣고 따라 말하며 세 번씩 써보기	🎧 mp3 137

①

②

③

응용해서 써본 후 MP3 듣고 따라 말하기	🎧 mp3 138

① 테이블 옆에 의자 몇 개가 있어.

→

② 공원에 나무 몇 그루가 있어. [나무 = m. árbol]

→

---

① Hay unas sillas al lado de la mesa.

② Hay unos árboles en el parque.

No hay manzanas en la nevera.

냉장고에 사과가 없어.

① 'hay+명사' 앞에 'no'를 붙여서 말하면 어떤 것이 '없다'고 말할 수 있습니다.

no hay+명사 = ~이/가 있지 않다, ~이/가 없다

② f. manzana = 사과 / f. nevera = 냉장고

No hay <u>manzanas</u> en la nevera. = 냉장고에 사과가 없어.

'~이/가 있다/없다'와 같이 어떤 것의 존재 여부를 말할 땐 관사 없이 명사만 언급할 수도 있습니다. (ex) 위 문장에서 관사 없이 manzanas라고만 언급

MP3 듣고 따라 말하며 세 번씩 써보기	∩ mp3 139
①	
②	
③	

응용해서 써본 후 MP3 듣고 따라 말하기	∩ mp3 140

① 공원에 나무가 없어.

→

② 냉장고에 계란이 있어. [계란 = m. huevo]

→

① No hay árboles en el parque.

② Hay huevos en la nevera.

¿Hay muchas cafeterías en Seúl?

서울에는 카페가 많이 있니?

① '~이/가 있니/없니?'와 같이 물어볼 땐 '(no) hay+명사' 앞뒤에 물음표를 표기하고 문장 끝 억양을 올려서 말하면 됩니다.

② mucho/-a+명사 = 많은 ~ (mucho/-a는 뒤쪽 명사의 성/수에 맞춰 써야 함)

f. cafetería = 카페 → muchas cafeterías = 많은 카페들

Hay <u>muchas cafeterías</u> en Seúl. = 서울에는 카페가 많이 있어.

¿Hay <u>muchas cafeterías</u> en Seúl? = 서울에는 카페가 많이 있니?

MP3 듣고 따라 말하며 세 번씩 써보기	🎧 mp3 141
①	
②	
③	

응용해서 써본 후 MP3 듣고 따라 말하기	🎧 mp3 142

① 이 근처에는 바가 많이 없어.

→

② 프랑스에는 박물관이 많이 있어. [박물관, 미술관 = m. museo]

→

① No hay muchos bares por aquí.

② Hay muchos museos en Francia.

Hay tres panaderías en mi barrio.

우리 동네에는 빵집이 세 군데 있어.

① 어떤 것이 '몇 개'인지 말하고 싶을 땐 명사 앞에 숫자(dos(2), tres(3), ...)'를 붙여서 말하면
된나다. (ex) dos gatos = 고양이 두 마리

② m. pan = 빵 → f. panadería = 빵집
('-ería'로 끝나는 단어는 '가게'를 뜻합니다.)
m. barrio = 동네 → mi barrio = 나의(우리) 동네
Hay tres panaderías en mi barrio. = 우리 동네에는 빵집이 세 군데 있어.

MP3 듣고 따라 말하며 세 번씩 써보기	∩ mp3 143
①	
②	
③	

응용해서 써본 후 MP3 듣고 따라 말하기	∩ mp3 144

① 우리 동네에는 과일 가게가 두 군데 있어. [과일 가게 = f. frutería]

→

② 이 동네에는 은행이 다섯 군데 있어. [은행 = m. banco]

→

① Hay dos fruterías en mi barrio.

② Hay cinco bancos en este barrio.

No hay nada en la nevera.

냉장고에 아무것도 없어.

---

① no+동사+nada = 아무것도 ~ 않다

no+hay+nada = 아무것도 있지 않다 → 아무것도 없다

'nada'는 '무(無); 아무것(일)도 (~않다)'라는 뜻의 단어로서 위와 같이 동사 뒤에 놓고 쓸 경우
엔 동사 앞에 반드시 'no'가 와야 합니다.

② No hay nada en 장소. = ~에 아무것도 없다.

No hay nada en la nevera. = 냉장고에 아무것도 없어.

MP3 듣고 따라 말하며 세 번씩 써보기	🎧 mp3 145

①

②

③

응용해서 써본 후 MP3 듣고 따라 말하기	🎧 mp3 146

① 거리에 아무도 없어. [아무도 (~ 않다) = no+동사+nadie, 거리 = f. calle]

→

② 집에 오렌지가 없어. [오렌지 = f. naranja]

→

---

① No hay nadie en la calle.

② No hay naranjas en casa.

---

01. 앞서 배운 내용 중 주요 문법 및 표현을 정리해 봅시다.

□ hay+명사

　　hay는 '있다/존재하다'라는 뜻을 가진 동사로서 'hay+명사'라고 말하면 '~(사람/동물/사물 등)
이 있다'라는 뜻의 표현이 됩니다. 참고로 hay는 모양이 변하지 않습니다.

hay	**+**	[부정관사+명사] un+남성(단수)명사 / una+여성(단수)명사 　　　　　　　　unos+남성(복수)명사 / unas+여성(복수)명사 [숫자+명사] dos+명사(2개의 ~), tres+명사(3개의 ~), … [mucho/-a+명사] muchas manzanas(많은 사과들), … [관사 없이 명사만] manzanas(사과들), huevos(계란들), …

⬇

Hay un cine en mi barrio. = 우리 동네에 영화관 하나가 있어.
Hay una cafetería en mi barrio. = 우리 동네에 카페 하나가 있어.
Hay unos chicos en el bar. = 바에 남자애들 몇 명이 있어.
Hay unas chicas en el bar. = 바에 여자애들 몇 명이 있어.
Hay tres manzanas en la nevera. = 냉장고에 사과 세 개가 있어.
Hay muchas manzanas en la nevera. = 냉장고에 많은 사과가 있어.
Hay manzanas en la nevera. = 냉장고에 사과가 있어.

□ 'hay+명사'의 부정문/의문문

• No hay 명사. = ~이 없어요. (* No hay nada. = 아무것도 없어요.)
• ¿Hay 명사? = ~이 있나요? (앞뒤에 물음표를 표기한 후 문미 억양을 올려서 말함)

02. 스페인어로 스스로 작문할 수 있는지 테스트해 보세요. (정답 p.132)

① 이 근처에 영화관 하나가 있어.

→

② 내 방에 침대 하나가 있어.

→

③ 바에 프랑스 남자애들 몇 명이 있어.

→

④ 테이블 옆에 의자 몇 개가 있어.

→

⑤ 냉장고에 오렌지가 없어.

→

⑥ 서울에는 카페가 많이 있니?

→

⑦ 이 근처에는 바가 많이 없어.

→

⑧ 우리 동네에는 빵집이 세 군데 있어.

→

⑨ 이 동네에는 은행이 네 군데 있어.

→

⑩ 냉장고에 아무것도 없어.

→

① Hay un cine por aquí.

② Hay una cama en mi habitación.

③ Hay unos chicos franceses en el bar.

④ Hay unas sillas al lado de la mesa.

⑤ No hay naranjas en la nevera.

⑥ ¿Hay muchas cafeterías en Seúl?

⑦ No hay muchos bares por aquí.

⑧ Hay tres panaderías en mi barrio.

⑨ Hay cuatro bancos en este barrio.

⑩ No hay nada en la nevera.

MEMO 틀린 문장이 있을 경우 아래에 몇 번씩 반복해서 써보세요.

LECCIÓN 09

오가며 뭘 하는지 말하기

Voy al trabajo en metro.

나는 지하철로 출근해.

① ir = 가다 (ir 동사는 앞서 배웠던 ser, estar 동사들처럼 불규칙 변화를 합니다.)

(yo)voy-(tú)vas-(él/ella/usted)va

(nosotros/-as)vamos-(vosotros/-as)vais-(ellos/ellas/ustedes)van

② ir a(~에, ~(으)로) 장소 = ~(으)로 가다 / m. trabajo = 일, 직장

ir al trabajo = 직장으로 가다 → 출근하다 / m. metro = 지하철

Voy al trabajo en metro. = 나는 지하철로 출근해.

MP3 듣고 따라 말하며 세 번씩 써보기	🎧 mp3 147

①

②

③

응용해서 써본 후 MP3 듣고 따라 말하기	🎧 mp3 148

① 나는 토요일마다 영화관에 가. [영화관에 가다 = ir al cine]

→

② 너는 일요일마다 출근하니?

→

① Voy al cine los sábados.

② ¿Vas al trabajo los domingos?

Voy a cenar fuera.

나는 밖에서 저녁 먹을 거야.

① ir a 동사원형 = ~할 것이다

ir 뒤에 'a 동사원형'을 붙여 'ir a 동사원형'이라고 말하게 되면 미래에 무엇을 할 계획인지 말할 수 있는 표현이 됩니다.

② fuera = 밖에서

ir a cenar = 저녁을 먹을 것이다

Voy a cenar fuera. = 나는 밖에서 저녁 먹을 거야.

MP3 듣고 따라 말하며 세 번씩 써보기	∩ mp3 149

①

②

③

응용해서 써본 후 MP3 듣고 따라 말하기	∩ mp3 150

① 나는 시장에 갈 거야. [시장에 가다 = ir al mercado]

→

② 너는 스페인을 여행할 거니? [스페인을 여행하다 = viajar a España]

→

① Voy a ir al mercado.

② ¿Vas a viajar a España?

¡Vamos a limpiar la casa!

우리 집 청소하자!

① vamos = 우리는 간다 (→ 주어가 'nosotros/-as'일 경우 ir 동사의 형태)

vamos a 동사원형 = 우리는 ~할 것이다; (우리) ~하자

'vamos a 동사원형'은 위와 같이 두 가지 의미로 쓸 수 있기 때문에 이 같은 표현이 나왔을 땐

상황/문맥에 따라 그 의미를 적절히 해석해야 합니다.

② limpiar = 청소하다 → ¡Vamos a limpiar la casa! = 우리 집 청소하자!

(스페인어에선 문미에 느낌표를 표기하면 문두엔 거꾸로된 느낌표를 표기합니다.)

MP3 듣고 따라 말하며 세 번씩 써보기	🎧 mp3 151
①	
②	
③	

응용해서 써본 후 MP3 듣고 따라 말하기	🎧 mp3 152

① 우리 농구하자!

→

② 우리 아침 식사하자!

→

① ¡Vamos a jugar al baloncesto!
② ¡Vamos a desayunar!

Vengo de España.

나는 스페인에서 왔어.

① venir = 오다 (venir 동사는 현재 시제일 때 불규칙 변화를 합니다.)

(yo)vengo-(tú)vienes-(él/ella/usted)viene

(nosotros/-as)venimos-(vosotros/-as)venís-(ellos/ellas/ustedes)vienen

② venir de 장소 = ~에서 오다; ~에서 오는 길이다

Vengo de España. = 나는 스페인에서 왔어.

Vengo de la oficina. = 나는 사무실에서 오는 길이야.

MP3 듣고 따라 말하며 세 번씩 써보기	🎧 mp3 153

①

②

③

응용해서 써본 후 MP3 듣고 따라 말하기	🎧 mp3 154

① 나는 한국에서 왔어.

→

② 나는 시장에서 오는 길이야.

→

① Vengo de Corea del Sur.

② Vengo del mercado.

¿Vienes mucho a la biblioteca?

너는 도서관에 많이 오니?

① 현재 시제일 때 venir 동사는 1~2인칭 복수 주어를 제외하고 불규칙 변화를 합니다.

　(주어가 yo) veno가 아니라 vengo / (주어가 tú) venes가 아니라 vienes

　(주어가 él/ella/usted) vene가 아니라 viene

　(주어가 ellos/ellas/ustedes) venen이 아니라 vienen

② venir a 장소 = ~(으)로 오다, ~에 오다 / f. biblioteca = 도서관

　¿Vienes mucho a la biblioteca? = 너는 도서관에 많이 오니?

MP3 듣고 따라 말하며 세 번씩 써보기	∩ mp3 155

①

②

③

응용해서 써본 후 MP3 듣고 따라 말하기	∩ mp3 156

① 나는 버스로 학원에 와. [학원 = f. academia. 버스 = m. autobús]

　→

② 너는 이 식당에 많이 오니? [식당 = m. restaurante]

　→

---

① Vengo a la academia en autobús.

② ¿Vienes mucho a este restaurante?

Vengo a hablar contigo.

나는 너와 얘기하러 왔어.

① 인칭대명사 'yo, tú'는 전치사 뒤에 올 땐 형태가 'mí, ti'로 바뀌는데, 이들이 전치사 con 뒤
에 오면 형태가 아래와 같이 불규칙하게 변합니다.

con+mí = conmigo(나와 함께) / con+ti = contigo(너와 함께)

② hablar <u>con</u> 사람 = ~와 이야기하다

venir <u>a</u> 동사원형 = ~하러 오다

Vengo <u>a</u> <u>hablar</u> contigo. = 나는 너와 얘기하러 왔어.

MP3 듣고 따라 말하며 세 번씩 써보기	🎧 mp3 157
①	
②	
③	

응용해서 써본 후 MP3 듣고 따라 말하기	🎧 mp3 158

① 나는 영어 공부하러 왔어.

→

② 나는 무언가를 사러 왔어. [사다, 구입하다 = comprar]

→

① Vengo a estudiar inglés.
② Vengo a comprar algo.

Normalmente llego a casa temprano.

나는 보통 집에 일찍 도착해.

① llegar = 도착하다 (llegar 동사는 '-ar' 규칙동사입니다.)

(yo)llego-(tú)llegas-(él/ella/usted)llega

(nosotros/-as)llegamos-(vosotros/-as)llegáis-(ellos/ellas/ustedes)llegan

② llegar a 장소 = ~에 도착하다

normalmente = 보통 / temprano = 일찍

Normalmente llego a casa temprano. = 나는 보통 집에 일찍 도착해.

MP3 듣고 따라 말하며 세 번씩 써보기	◯ mp3 159

①

②

③

응용해서 써본 후 MP3 듣고 따라 말하기	◯ mp3 160

① 너는 8시에 집에 도착하니?

→

② 나는 9시 정각에 모임에 도착해. [모임 = f. reunión, 정각 = en punto]

→

① ¿Llegas a casa a las ocho?

② Llego a la reunión a las nueve en punto.

Juan y yo llegamos a la oficina a tiempo.

후안과 나는 제 시간에 사무실에 도착해.

① 여러 사람을 나열해서 말할 경우, 나열하는 순서는 '3인칭-2인칭-1인칭'입니다.

(ex) Juan(3인칭) y yo(1인칭) = 후안과 나

② m. tiempo = 시간 → a tiempo = 제 시간에

Juan y yo llegamos a la oficina a tiempo.

= 후안과 나는 제 시간에 사무실에 도착해.

('후안과 나 = 우리'이므로 llegar를 llegamos의 형태로 씁니다.)

MP3 듣고 따라 말하며 세 번씩 써보기	🎧 mp3 161

①

②

③

응용해서 써본 후 MP3 듣고 따라 말하기	🎧 mp3 162

① 우리 부모님은 10시 정각에 집에 도착하셔.

→

② 알리씨아와 나는 일찍 사무실에 도착해.

→

① Mis padres llegan a casa a las diez en punto.

② Alicia y yo llegamos a la oficina temprano.

Salgo del trabajo muy tarde.

나는 매우 늦게 퇴근해.

① salir = 나가다; 출발하다 (salir는 주어가 yo일 경우엔 불규칙 변화를 합니다.)

(주어가 yo일 때) sal<u>o</u>가 아니라 sal<u>go</u>

② salir <u>de</u> 장소 = ~에서 나가다; ~에서 출발하다

salir <u>del</u> trabajo(직장) = 직장에서 나가다 → 퇴근하다

tarde = 늦게 (tarde는 '오후' 외에 '늦게'라는 부사적 의미도 있음)

Salgo del trabajo muy tarde. = 나는 매우 늦게 퇴근해.

MP3 듣고 따라 말하며 세 번씩 써보기	🎧 mp3 163
①	
②	
③	

응용해서 써본 후 MP3 듣고 따라 말하기	🎧 mp3 164

① 나는 보통 집에서 8시 반에 나가.

→

② 나는 밤에 많이 나가지 않아.

→

① Normalmente salgo de casa a las ocho y media.

② No salgo mucho por la noche.

El tren sale para Madrid en diez minutos.

기차는 10분 후에 마드리드를 향해 출발해.

① salir para(~을 향해) 장소 = ~을 향해 출발하다

전치사 para는 '~을 위하여'라는 뜻 외에 '(방향) ~을 향해'라는 뜻도 있습니다.

② m. minuto = 분 → en 숫자 minuto(s) = ~분 안에; ~분 후에

en diez minutos = 10분 안에; 10분 후에 / m. tren = 기차

El tren sale para Madrid en diez minutos.

= 기차는 10분 후에 마드리드를 향해 출발해.

MP3 듣고 따라 말하며 세 번씩 써보기	🎧 mp3 165
①	
②	
③	

응용해서 써본 후 MP3 듣고 따라 말하기	🎧 mp3 166

① 버스는 5분 후에 바르셀로나에서 출발해.

→

② 비행기는 10시 15분에 출발해.

→

① El autobús sale de Barcelona en cinco minutos.

② El avión sale a las diez y cuarto(quince).

Salgo a pasear por las noches.

나는 밤마다 산책하러 나가.

① salir a 동사원형 = ~하러 나가다

　pasear = 산책하다 → salir a pasear = 산책하러 나가다

② por la mañana/tarde/noche = 아침/오후/밤에

　mañana/tarde/noche를 복수형으로 쓰면 '아침/오후/밤마다'라는 뜻이 됩니다.

　→ por las mañanas/tardes/noches = 아침/오후/밤마다

　Salgo a pasear por las noches. = 나는 밤마다 산책하러 나가.

MP3 듣고 따라 말하며 세 번씩 써보기	🎧 mp3 167

①

②

③

응용해서 써본 후 MP3 듣고 따라 말하기	🎧 mp3 168

① 나는 아침마다 뛰러 나가. [뛰다 = correr]

　→

② 내 아들은 오후마다 축구하러 나가.

　→

① Salgo a correr por las mañanas.

② Mi hijo sale a jugar al fútbol por las tardes.

01. 앞서 배운 내용 중 주요 문법 및 표현을 정리해 봅시다.

□ ir / venir / salir / llegar의 의미와 활용법

ir	venir	salir	llegar
가다	오다	나가다; 출발하다	도착하다

- ir a 장소 = ~에 가다
- ir a 동사원형 = ~할 것이다
- vamos a 동사원형 = 우리는 ~할 것이다; (우리) ~하자
- venir de 장소 = ~에서 오다; ~에서 오는 길이다
- venir a 장소 = ~(으)로 오다, ~에 오다
- venir a 동사원형 = ~하러 오다 / salir a 동사원형 = ~하러 나가다
- salir de 장소 = ~에서 나가다; ~에서 출발하다
- salir para 장소 = ~을 향해 출발하다 / llegar a 장소 = ~에 도착하다

□ ir / venir / salir / llegar의 형태 변화 (현재 시제 기준)

ir는 모든 주어에서 불규칙 변화, venir는 1~2인칭 복수 주어를 뺀 나머지 주어에서 불규칙 변화, salir는 1인칭 단수 주어에서만 불규칙 변화를 합니다. (llegar는 규칙 변화)

	ir	venir	salir	llegar
yo	voy	vengo	salgo	llego
tú	vas	vienes	sales	llegas
él, ella, usted	va	viene	sale	llega
nosotros/-as	vamos	venimos	salimos	llegamos
vosotros/-as	vais	venís	salís	llegáis
ellos, ellas, ustedes	van	vienen	salen	llegan

02. 스페인어로 스스로 작문할 수 있는지 테스트해 보세요. (정답 p.147)

① 나는 지하철로 출근해.

  →

② 나는 밖에서 저녁 먹을 거야. / 우리 집 청소하자!

  →

③ 나는 스페인에서 왔어.

  →

④ 그들은 도서관에 많이 오지 않아.

  →

⑤ 나는 너와 얘기하러 왔어.

  →

⑥ 보통 나는 집에 일찍 도착해.

  →

⑦ 후안과 나는 제 시간에 사무실에 도착해.

  →

⑧ 우리는 매우 늦게 퇴근해.

  →

⑨ 기차는 10분 후에 마드리드를 향해 출발해.

  →

⑩ 나는 밤마다 산책하러 나가.

  →

① Voy al trabajo en metro.

② Voy a cenar fuera. / ¡Vamos a limpiar la casa!

③ Vengo de España.

④ Ellos no vienen mucho a la biblioteca.

⑤ Vengo a hablar contigo.

⑥ Normalmente llego a casa temprano.

⑦ Juan y yo llegamos a la oficina a tiempo.

⑧ Salimos del trabajo muy tarde.

⑨ El tren sale para Madrid en diez minutos.

⑩ Salgo a pasear por las noches.

MEMO 틀린 문장이 있을 경우 아래에 몇 번씩 반복해서 써보세요.

LECCIÓN 10

무엇을 알고 있는지
말하기

Conozco a Lucía.

나는 루씨아를 알아.

① conocer = (경험을 통해) 알다

　(주어가 yo일 때만 불규칙 변화) cono<u>co</u>가 아니라 cono<u>zco</u>

　(나머지 주어들은 규칙 변화) 예를 들어 주어가 tú일 땐 conoc<u>es</u>

② conocer a 사람 = (만나서) ~을 알다

　Conozco a Lucía. = 나는 루씨아를 알아.

　('conocer 장소'라고 하면 '(가 본 적이 있어서) ~을 알다'라는 의미가 됨)

MP3 듣고 따라 말하며 세 번씩 써보기	∩ mp3 169

①

②

③

응용해서 써본 후 MP3 듣고 따라 말하기	∩ mp3 170

① 우리 아버지는 후안을 아셔.

　→

② 너는 멕시코에 가 봤니?

　→

---

① Mi padre conoce a Juan.

② ¿Conoces México?

¿Sabes mucho de fútbol?

너는 축구에 대해서 많이 아니?

① saber = (지식, 정보 등을) 알다

(주어가 yo일 때만 불규칙 변화) sabo가 아니라 sé

(나머지 주어들은 규칙 변화) 예를 들어 주어가 tú일 땐 sabes

② saber de(~에 대해서) 명사 = ~에 대해서 알다

¿Sabes mucho de fútbol?

= 너는 축구에 대해서 많이 아니?

MP3 듣고 따라 말하며 세 번씩 써보기	🎧 mp3 171

①

②

③

응용해서 써본 후 MP3 듣고 따라 말하기	🎧 mp3 172

① 나는 농구에 대해서 많이 알아.

  →

② 너는 음악에 대해서 많이 아니?

  →

① Sé mucho de baloncesto.
② ¿Sabes mucho de música?

No sé nada de Juan.

나는 후안에 대해서 아무것도 몰라.

① no+동사+nada = 아무것도 ~ 않다

no saber nada = 아무것도 알지 않는다 → 아무것도 모른다

② no saber nada de 명사 = ~에 대해서 아무것도 모른다

No sé nada de Juan. = 나는 후안에 대해서 아무것도 몰라.

사람뿐 아니라 다양한 사물/지식에 대해서 모른다고 말할 수도 있겠죠?

No sé nada de español. = 나는 스페인어에 대해서 아무것도 몰라.

MP3 듣고 따라 말하며 세 번씩 써보기	∩ mp3 173

①

②

③

응용해서 써본 후 MP3 듣고 따라 말하기	∩ mp3 174

① 나는 정치에 대해서 아무것도 몰라. [정치 = f. política]

→

② 우리 어머니는 프랑스어에 대해서 아무것도 몰라. [프랑스어 = m. francés]

→

---

① No sé nada de política.

② Mi madre no sabe nada de francés.

¿Sabes conducir?

너는 운전할 줄 아니?

① saber+동사원형 = ~할 줄 알다

hablar = 말하다 → Sé hablar español. = 나는 스페인어를 (말)할 줄 알아.

conducir = 운전하다 → ¿Sabes conducir? = 너는 운전할 줄 아니?

② 'saber+동사원형' 앞에 'no'를 붙여 말하면 '~할 줄 모른다'는 뜻이 됩니다.

No sé hablar español. = 나는 스페인어를 (말)할 줄 몰라.

No sé conducir. = 나는 운전할 줄 몰라.

MP3 듣고 따라 말하며 세 번씩 써보기	🎧 mp3 175

①

②

③

응용해서 써본 후 MP3 듣고 따라 말하기	🎧 mp3 176

① 나는 수영할 줄 몰라.

→

② 너는 농구를 할 줄 아니?

→

---

① No sé nadar.

② ¿Sabes jugar al baloncesto?

Sé quién es ella.

나는 그녀가 누군지 알아.

---

① [의문사를 포함한 의문문의 어순] ¿의문사-동사-주어?

　[의문사] quién(누구) + [동사] ser(~이다) + [주어] ella(그녀)

　→ ¿Quién es ella? = 그녀는 누구니?

　(단, 의문사가 '주어'일 땐 '¿의문사-동사-(목적어, ...)?'의 어순 → Lección 11 참고)

② saber+의문문 = ~인지 알다

　Sé quién es ella. = 나는 그녀가 누군지 알아.

MP3 듣고 따라 말하며 세 번씩 써보기　　　　🎧 mp3 177

①

②

③

응용해서 써본 후 MP3 듣고 따라 말하기　　　　🎧 mp3 178

① 너는 프랑스가 어디에 있는지 아니? [어디 = dónde]

　→

② 나는 네가 누구인지 알아.

　→

---

① ¿Sabes dónde está Francia?

② Sé quién eres.

¿Sabes que Juan está enfermo?

너는 후안이 아픈 거 알고 있니?

① saber+que+문장 = ~(이)라는 걸 알다

한 단어로 된 명사가 아닌 '문장으로 된 사실'을 안다고 말할 땐 que라는 접속사를 문장 앞에

붙여서 'saber(알다)+que 문장(~라는 걸)'과 같이 말하면 됩니다.

② enfermo/-a = 아픈 → Juan está enfermo. = 후안이 아파.

que Juan está enfermo = 후안이 아픈 거

¿Sabes que Juan está enfermo? = 너는 후안이 아픈 거 알고 있니?

MP3 듣고 따라 말하며 세 번씩 써보기   🎧 mp3 179

①

②

③

응용해서 써본 후 MP3 듣고 따라 말하기   🎧 mp3 180

① 너는 내가 일요일마다 출근하는 거 알고 있니?

→

② 나는 그가 멕시코 사람인 걸 알고 있어.

→

---

① ¿Sabes que voy al trabajo los domingos?

② Sé que él es mexicano.

No sé si ella está en casa.

나는 그녀가 집에 있는지 없는지 몰라.

① saber+si+문장 = ~인지 아닌지 알다

　　문장 앞에 'si(~라면; ~인지 (아닌지))'라는 접속사를 붙인 다음 'saber+si+문장'과 같이 말하

　　면 '~인지 아닌지 알다'라는 의미의 표현이 됩니다.

② Ella está en casa. = 그녀는 집에 있어.

　　si ella está en casa = 그녀가 집에 있는지 없는지

　　No sé si ella está en casa. = 나는 그녀가 집에 있는지 없는지 몰라.

MP3 듣고 따라 말하며 세 번씩 써보기	∩ mp3 181

①

②

③

응용해서 써본 후 MP3 듣고 따라 말하기	∩ mp3 182

① 너는 그녀가 파티에 오는지 안 오는지 아니?

　→

② 너는 빠블로가 바쁜지 안 바쁜지 아니?

　→

① ¿Sabes si ella viene a la fiesta?

② ¿Sabes si Pablo está ocupado?

01. 앞서 배운 내용 중 주요 문법 및 표현을 정리해 봅시다.

☐ conocer / saber의 의미와 활용법

conocer	saber
(경험을 통해) 알다	(지식, 정보 등을) 알다

- conocer a 사람 = (만나서) ~을 알다
- conocer 장소 = (가 본 적이 있어서) ~을 알다
- saber de 명사 = ~에 대해서 알다
- no saber nada de 명사 = ~에 대해서 아무것도 모른다
- saber 동사원형 = ~할 줄 알다
- no saber 동사원형 = ~할 줄 모른다
- saber 의문문 = ~인지 알다
- saber que 문장 = ~(이)라는 걸 알다
- saber si 문장 = ~인지 아닌지 알다

☐ conocer / saber의 형태 변화 (현재 시제 기준)

conocer와 saber는 1인칭 단수 주어에서만 불규칙 변화를 합니다.

	conocer	saber
yo	conozco	sé
tú	conoces	sabes
él, ella, usted	conoce	sabe
nosotros/-as	conocemos	sabemos
vosotros/-as	conocéis	sabéis
ellos, ellas, ustedes	conocen	saben

02. 스페인어로 스스로 작문할 수 있는지 테스트해 보세요. (정답 p.159)

① 우리 어머니는 루씨아를 아셔.

→

② 너는 스페인에 가 봤니?

→

③ 너는 축구에 대해 많이 아니?

→

④ 나는 일본어에 대해서 아무것도 몰라.

→

⑤ 너는 운전할 줄 아니?

→

⑥ 나는 농구할 줄 몰라.

→

⑦ 나는 네가 누구인지 알아.

→

⑧ 너는 멕시코가 어디에 있는지 아니?

→

⑨ 너는 후안이 아픈 거 알고 있니?

→

⑩ 나는 그녀가 집에 있는지 없는지 몰라.

→

① Mi madre conoce a Lucía.

② ¿Conoces España?

③ ¿Sabes mucho de fútbol?

④ No sé nada de japonés.

⑤ ¿Sabes conducir?

⑥ No sé jugar al baloncesto.

⑦ Sé quién eres.

⑧ ¿Sabes dónde está México?

⑨ ¿Sabes que Juan está enfermo?

⑩ No sé si ella está en casa.

MEMO 틀린 문장이 있을 경우 아래에 몇 번씩 반복해서 써보세요.

LECCIÓN 11

의문사로 질문하기
(1)

¿Quién es aquella señora?

저 아주머니는 누구셔?

① [의문사 의문문의 어순] ¿의문사-동사-주어? (앞서 잠깐 배웠었죠?)

   quién = 누구; 누가 (복수형은 quiénes) / f. señora = 아주머니

   [주어가 단수일 때] ¿Quién es aquella señora? = 저 아주머니는 누구셔?

   [주어가 복수일 때] ¿Quiénes son ellas? = 그녀들은 누구니?

② 단, '누가(의문사:주어) 이것을(목적어) 준비하나요(동사)?'와 같이 의문사 자체가 주어일 땐

   '¿의문사-동사-(목적어, ...)?'의 어순으로 말합니다. → Día 86 참고

MP3 듣고 따라 말하며 세 번씩 써보기	∩ mp3 183

①

②

③

응용해서 써본 후 MP3 듣고 따라 말하기	∩ mp3 184

① 우승자는 누구야? [우승자 = m.f. ganador/-ra]

   →

② 저 아저씨는 누구야? [아저씨 = m. señor]

   →

① ¿Quién es el ganador?
② ¿Quién es aquel señor?

¿Quién viene a cenar?

누가 저녁 먹으러 오니?

① ['의문사≠주어'일 때의 의문문 어순]

¿Quién(의문사)+es(동사)+aquel señor(주어)? = 저 아저씨는 누구야?

② ['의문사=주어'일 때의 의문문 어순]

의문사가 주어일 땐 뒤에 나오는 동사는 '3인칭 단수 형태'로 사용합니다.

venir a 동사원형 = ~하러 오다

¿Quién(의문사)+viene a cenar(동사)? = 누가 저녁 먹으러 오니?

MP3 듣고 따라 말하며 세 번씩 써보기	∩ mp3 185

①

②

③

응용해서 써본 후 MP3 듣고 따라 말하기	∩ mp3 186

① 누가 중국어를 가르치니? [가르치다 = enseñar]

→

② 누가 저녁 식사를 준비하니?

→

① ¿Quién enseña chino?

② ¿Quién prepara la cena?

¿Cuándo vas a hablar con tu novio?

너는 언제 너의 남자 친구와 얘기할 거야?

① hablar con ~ = ~와(과) 이야기하다

ir a 동사원형 = ~할 것이다 (→ Lección 9 참고)

(Tú) Vas a hablar con tu novio. = 너는 너의 남자 친구와 얘기할 것이다.

② cuándo = 언제

→ ¿Cuándo vas a hablar con tu novio?

= 너는 언제 너의 남자 친구랑 얘기할 거야?

MP3 듣고 따라 말하며 세 번씩 써보기	🎧 mp3 187
①	
②	
③	

응용해서 써본 후 MP3 듣고 따라 말하기	🎧 mp3 188
① 네 생일은 언제니?	
→	
② 너는 언제 바르셀로나에 올 거니?	
→	

① ¿Cuándo es tu cumpleaños?

② ¿Cuándo vas a venir a Barcelona?

¿Cómo es ella?

그녀는 어떤 사람이야?

① cómo = 어떻게

¿Cómo+<u>ser</u>+주어? → 주어의 외모, 성격, 특징을 묻는 질문

→ ¿Cómo <u>es</u> ella? = 그녀는 (외모/성격 등이) 어떻게 돼? → 그녀는 어떤 사람이야?

② ¿Cómo+<u>estar</u>+주어? → 주어의 상태나 안부를 묻는 질문

→ ¿Cómo <u>estás</u>? = 너는 (상태/안부가) 어떻게 되니?

(결국 '너는 어떻게 지내니?'라는 의미)

MP3 듣고 따라 말하며 세 번씩 써보기	⌒ mp3 189

①

②

③

응용해서 써본 후 MP3 듣고 따라 말하기	⌒ mp3 190

① 너의 부모님은 어떤 분들이셔?

→

② 너의 어머니는 어떻게 지내시니?

→

① ¿Cómo son tus padres?

② ¿Cómo está tu madre?

> # ¿Dónde está el baño?
>
> ## 화장실은 어디에 있니?

① dónde = 어디; 어디에

¿Dónde+estar+주어? = ~은(는) 어디에 있니?

(estar 동사를 써서 질문하면 '대상이 있는 위치'를 묻는 질문이 됩니다.)

② m. baño = 화장실

dónde+estar+el baño

→ ¿Dónde está el baño? = 화장실은 어디에 있니?

MP3 듣고 따라 말하며 세 번씩 써보기	🎧 mp3 191
①	
②	
③	

응용해서 써본 후 MP3 듣고 따라 말하기	🎧 mp3 192

① 약국은 어디에 있어요? [약국 = f. farmacia]

→

② 너의 형제들은 어디에 있어? [형제/자매 = m.f. hermano/-a]

→

① ¿Dónde está la farmacia?

② ¿Dónde están tus hermanos?

166

¿Dónde trabajas?

너는 어디에서 일하니?

---

① ¿Dónde+(동작/행위)동사+주어? = ~은(는) 어디에서 ~하니?

② 'trabajar(일하다)'라는 동사로 질문을 만들어 볼까요?

dónde+trabajar+tú

→ ¿Dónde trabajas? = 너는 어디에서 일하니?

dónde+trabajar+tu novia

→ ¿Dónde trabaja tu novia? = 너의 여자 친구는 어디에서 일해?

MP3 듣고 따라 말하며 세 번씩 써보기	∩ mp3 193
①	
②	
③	

응용해서 써본 후 MP3 듣고 따라 말하기	∩ mp3 194

① 너는 어디에 사니?

→

② 너는 어디에서 공부할 거니?

→

---

① ¿Dónde vives?

② ¿Dónde vas a estudiar?

> # ¿Qué haces?
>
> ## 너는 뭐하니?

① qué = 무엇

   qué+hacer+tú → ¿Qué haces? = 너는 뭐하니?

② 의문사 qué가 주어인 질문을 만들 수도 있습니다.

   pasar = (일이) 일어나다

   ¿Qué pasa? = 무엇이(무슨 일이) 일어나는 거니?

   (위의 말은 결국 '무슨 일이야?'라는 의미로 해석 가능)

MP3 듣고 따라 말하며 세 번씩 써보기	🎧 mp3 195

①

②

③

응용해서 써본 후 MP3 듣고 따라 말하기	🎧 mp3 196

① 너는 내일 뭐할 거니? [내일 = mañana]

   →

② 냉장고에 무엇이 있니? [~이(가) 있다 = hay]

   →

① ¿Qué vas a hacer mañana?

② ¿Qué hay en la nevera?

¿Qué hora es ahora?

지금 몇 시야?

① qué+명사 = 무슨 ~

　　qué+hora(시간) = 무슨 시 (결국 '몇 시'라는 의미)

　　qué hora+ser → ¿Qué hora es? = 몇 시야?

　　위에 'ahora(지금)'까지 덧붙이면 '¿Qué hora es ahora? = 지금 몇 시야?'

② 시간 외에도 다양한 명사를 qué 뒤에 붙여 질문할 수 있습니다.

　　(ex) ¿Qué libro lees? = 너는 무슨 책을 읽니?

MP3 듣고 따라 말하며 세 번씩 써보기	🎧 mp3 197

①

②

③

응용해서 써본 후 MP3 듣고 따라 말하기	🎧 mp3 198

① 너는 무슨 자동차를 운전하니? [운전하다 = conducir (주어가 yo일 땐 불규칙 변화(conduzco), 나머지

　　주어들엔 규칙 변화)] →

② 너는 무슨 영화를 보니?

　　→

---

① ¿Qué coche conduces?

② ¿Qué película ves?

¿Por qué estás tan enfadado conmigo?

넌 왜 그렇게 나한테 화난 거야?

① estar enfadado/-a con ~ = ~에게 화난 상태이다

(~~Tú~~) Estás enfadado conmigo. = 너(남성)는 나에게 화난 상태이다.

(앞서 'con+~~mí~~ → conmigo'와 같은 형태가 된다고 배웠었죠?)

② por qué = 왜 / tan+형용사(부사) = 그렇게 ~한(하게)

→ ¿Por qué estás tan enfadado conmigo?

= 넌 왜 그렇게 나한테 화난 거야?

MP3 듣고 따라 말하며 세 번씩 써보기	🎧 mp3 199

①

②

③

응용해서 써본 후 MP3 듣고 따라 말하기	🎧 mp3 200

① 넌 왜 스페인어를 배우니?

→

② 넌(남성) 왜 그렇게 바쁜 거야?

→

---

① ¿Por qué aprendes español?

② ¿Por qué estás tan ocupado?

¿Por qué no visitas a tus padres?

너의 부모님을 방문하는 게 어때?

① ¿Por qué no ~? = ~하는 게 어때?

(위 표현은 상대방에게 제안/권유할 때 쓸 수 있는 표현입니다.)

visitar = 방문하다 → visitar a 사람 = ~을(를) 방문하다

¿Por qué no <u>visitas a tus padres</u>? = (너) 너의 부모님을 방문하는 게 어때?

② ¿Por qué no 1인칭 복수 동사? = 우리 ~하는 게 어때?

→ ¿Por qué no <u>vamos al cine</u>? = 우리 영화관에 가는 게 어때?

MP3 듣고 따라 말하며 세 번씩 써보기	🎧 mp3 201

①

②

③

응용해서 써본 후 MP3 듣고 따라 말하기	🎧 mp3 202

① 너 우리 집에 오는 게 어때?

→

② 우리 밖에서 저녁 먹는 게 어때?

→

---

① ¿Por qué no vienes a mi casa?

② ¿Por qué no cenamos fuera?

01. 앞서 배운 내용 중 주요 문법 및 표현을 정리해 봅시다.

☐ 의문사를 포함한 의문문의 어순

['의문사≠주어'인 경우] ¿Quién(의문사) es(동사) aquella señora(주어)?

['의문사=주어'인 경우] ¿Quién(의문사) enseña(동사) español(목적어)?

☐ 의문사의 종류 & 예문

의문사		예문
[단수] quién [복수] quiénes	누가	¿Quién es aquella señora? = 저 아주머니는 누구셔? ¿Quiénes son ellas? = 그녀들은 누구니? ¿Quién viene a cenar? = 누가 저녁 먹으러 오니?
cuándo	언제	¿Cuándo es tu cumpleaños? = 네 생일은 언제니? ¿Cuándo vas a hablar con tu novio? = 너는 언제 너의 남자 친구와 얘기할 거야?
cómo	어떻게	¿Cómo es ella? = 그녀는 어떤 사람이야? ¿Cómo estás? = 너는 어떻게 지내니?
dónde	어디	¿Dónde está el baño? = 화장실은 어디에 있니? ¿Dónde trabajas? = 너는 어디에서 일하니?
qué	무엇	¿Qué haces? = 너는 뭐하니? ¿Qué hora es ahora? = 지금 몇 시야?
por qué	왜	¿Por qué estás tan enfadado conmigo? = 넌 왜 그렇게 나한테 화났니? ¿Por qué no visitas a tus padres? = 너의 부모님을 방문하는 게 어때?

02. 스페인어로 스스로 작문할 수 있는지 테스트해 보세요. (정답 p.174)

① 저 아주머니는 누구셔?

→

② 누가 저녁 먹으러 오니?

→

③ 네 생일은 언제야?

→

④ 너의 어머니는 어떤 분이셔? / 너의 아버지는 어떻게 지내시니?

→

⑤ 지하철은 어디에 있어?

→

⑥ 너는 어디에서 일하니?

→

⑦ 너는 뭐하니?

→

⑧ 너는 무슨 영화를 보니?

→

⑨ 왜 너는 프랑스어를 배우니?

→

⑩ 우리 영화관에 가는 게 어때?

→

① ¿Quién es aquella señora?

② ¿Quién viene a cenar?

③ ¿Cuándo es tu cumpleaños?

④ ¿Cómo es tu madre? / ¿Cómo está tu padre?

⑤ ¿Dónde está el metro?

⑥ ¿Dónde trabajas?

⑦ ¿Qué haces?

⑧ ¿Qué película ves?

⑨ ¿Por qué aprendes francés?

⑩ ¿Por qué no vamos al cine?

MEMO 틀린 문장이 있을 경우 아래에 몇 번씩 반복해서 써보세요.

LECCIÓN 12

의문사로 질문하기 (2)

¿Con quién vives?

너는 누구랑 사니?

---

① 스페인어에선 의문사 앞에 전치사가 붙을 수 있습니다.

con = ~와(과) / a = ~을(를); ~에게

con+quién → con quién = 누구랑, 누구와

a+quién → a quién = 누구를, 누구에게

② con quién+vivir+~~tú~~

→ ¿Con quién vives? = 너는 누구랑 사니?

MP3 듣고 따라 말하며 세 번씩 써보기	🎧 mp3 203

①

②

③

응용해서 써본 후 MP3 듣고 따라 말하기	🎧 mp3 204

① 너는 누구랑 콘서트에 갈 거야? [콘서트에 가다 = ir al concierto]

→

② 너는 누구를 초대할 거니? [초대하다 = invitar]

→

---

① ¿Con quién vas a ir al concierto?

② ¿A quién vas a invitar?

¿De quién es esta maleta?

이 여행 가방은 누구의 것이니?

① 전치사 de는 '소유'를 나타낼 때 사용될 수 있습니다.

　Este vaso es <u>de Yessi</u>. = 이 컵은 <u>예씨의 것</u>이야. (→ Lección 4 참고)

② de+quién → de quién = 누구의 것

　f. maleta = 여행 가방

　de quién+ser+esta maleta

　→ ¿De quién es esta maleta? = 이 여행 가방은 누구의 것이니?

MP3 듣고 따라 말하며 세 번씩 써보기	🎧 mp3 205

①

②

③

응용해서 써본 후 MP3 듣고 따라 말하기	🎧 mp3 206

① 이 핸드폰은 누구의 것이야?

　→

② 이 자켓은 누구의 것이야? [자켓 = f. chaqueta]

　→

① ¿De quién es este móvil?

② ¿De quién es esta chaqueta?

¿De dónde eres?

너는 어디 출신이니?

① 전치사 'de, a'를 아래와 같은 뜻으로 의문사 앞에 붙여 쓸 수도 있습니다.

de = ~로부터, ~ 출신의 / a = ~에, ~(으)로

de+dónde → de dónde = 어디로부터, 어디 출신의

a+dónde → a dónde = 어디로, 어디에 (adónde로 붙여 쓸 수 있습니다.)

② de dónde+ser+tú

→ ¿De dónde eres? = 너는 어디 출신이니?

MP3 듣고 따라 말하며 세 번씩 써보기	🎧 mp3 207
①	
②	
③	

응용해서 써본 후 MP3 듣고 따라 말하기	🎧 mp3 208

① 빠블로는 어디 출신이야?

→

② 너희는 어디에 가니?

→

① ¿De dónde es Pablo?

② ¿A dónde vais?

¿De qué es este vaso?

이 컵은 뭐로 되어 있니?

① 전치사 'de'를 아래와 같은 뜻으로 의문사 앞에 붙여 쓸 수도 있습니다.

de = ~(으)로 만든, ~(으)로 된

de+qué → de qué = 뭐로 만든/된 (것)

② de qué+ser+este vaso

→ ¿De qué es este vaso? = 이 컵은 뭐로 된 것이니?

(위의 말은 결국 '이 컵은 뭐로 되어 있니?'라고 해석 가능)

MP3 듣고 따라 말하며 세 번씩 써보기	∩ mp3 209

①

②

③

응용해서 써본 후 MP3 듣고 따라 말하기	∩ mp3 210

① 이 테이블은 뭐로 되어 있어?

→

② 이 햄버거는 뭐로 되어 있어? [햄버거 = f. hamburguesa]

→

① ¿De qué es esta mesa?

② ¿De qué es esta hamburguesa?

¿A qué hora llega el tren?

기차는 몇 시에 도착하니?

① 앞서 우리는 '~시에'라고 말할 때 전치사 'a'를 써서 말한다고 배웠습니다.

a la/las 숫자(시간) = ~시에

따라서 전치사 'a'를 'qué hora' 앞에 붙여 말하면 '몇 시에'라는 뜻이 됩니다.

a+qué hora → a qué hora = 몇 시에

② a qué hora+llegar+el tren

→ ¿A qué hora llega el tren? = 기차는 몇 시에 도착하니?

MP3 듣고 따라 말하며 세 번씩 써보기	∩ mp3 211
①	
②	
③	

응용해서 써본 후 MP3 듣고 따라 말하기	∩ mp3 212
① 너는 몇 시에 출근하니?	
→	
② 너는 몇 시에 퇴근하니?	
→	

① ¿A qué hora vas al trabajo?

② ¿A qué hora sales del trabajo?

¿Con qué frecuencia vas al gimnasio?

너는 얼마나 자주 헬스장에 가니?

① f. frecuencia = 빈도, 빈번

con(~으로)+qué(무엇)+frecuencia

→ con qué frecuencia = 무슨(어떤) 빈도로 (결국 '얼마나 자주'라고 해석 가능)

② m. gimnasio = 체육관, 헬스장

¿Con qué frecuencia vas al gimnasio?

= 너는 얼마나 자주 헬스장에 가니?

MP3 듣고 따라 말하며 세 번씩 써보기 ∩ mp3 213

① _____

② _____

③ _____

응용해서 써본 후 MP3 듣고 따라 말하기 ∩ mp3 214

① 너는 얼마나 자주 너의 할머니를 방문하니? [할머니 = f. abuela]

→ _____

② 너는 얼마나 자주 병원에 가니? [병원 = m. hospital]

→ _____

---

① ¿Con qué frecuencia visitas a tu abuela?

② ¿Con qué frecuencia vas al hospital?

---

01. 앞서 배운 내용 중 주요 문법 및 표현을 정리해 봅시다.

☐ '전치사+의문사'가 포함된 의문문

con	a	de
~와(과)	~을(를); ~에게; ~에, ~(으)로	~의 것; ~로부터, ~ 출신의; ~(으)로 된

- con quién = 누구랑, 누구와

  ¿Con quién vives? = 너는 누구랑 사니?

- a quién = 누구를, 누구에게

  ¿A quién vas a invitar? = 너는 누구를 초대할 거니?

- de quién = 누구의 것

  ¿De quién es esta maleta? = 이 여행 가방은 누구의 것이니?

- de dónde = 어디로부터, 어디 출신의

  ¿De dónde eres? = 너는 어디 출신이니?

- a dónde(adónde) = 어디로, 어디에

  ¿A dónde vais? = 너희는 어디에 가니?

- de qué = 뭐로 만든/된 (것)

  ¿De qué es este vaso? = 이 컵은 뭐로 되어 있니?

- a qué hora = 몇 시에

  ¿A qué hora llega el tren? = 기차는 몇 시에 도착하니?

- con qué frecuencia = 얼마나 자주

  ¿Con qué frecuencia vas al gimnasio?

  = 넌 얼마나 자주 헬스장에 가니?

02. 스페인어로 스스로 작문할 수 있는지 테스트해 보세요. (정답 p.184)

① 너는 누구랑 사니?

→

② 너는 누구랑 파티에 갈 거니?

→

③ 너는 누구를 초대할 거니?

→

④ 이 자동차는 누구 거야?

→

⑤ 너는 어디 출신이니?

→

⑥ 너의 부모님은 어디 출신이시니?

→

⑦ 너는 어디에 가니?

→

⑧ 이 햄버거는 뭐로 되어 있니?

→

⑨ 기차는 몇 시에 도착하니?

→

⑩ 넌 얼마나 자주 병원에 가니?

→

① ¿Con quién vives?

② ¿Con quién vas a ir a la fiesta?

③ ¿A quién vas a invitar?

④ ¿De quién es este coche?

⑤ ¿De dónde eres?

⑥ ¿De dónde son tus padres?

⑦ ¿A dónde vas?

⑧ ¿De qué es esta hamburguesa?

⑨ ¿A qué hora llega el tren?

⑩ ¿Con qué frecuencia vas al hospital?

MEMO 틀린 문장이 있을 경우 아래에 몇 번씩 반복해서 써보세요.

부록

스페인어 동사 변화 &
주요 어휘 총정리

① 스페인어 동사 변화 & 기초문장 100 동사 총정리

② 기초문장 100 어휘 250여 개 총정리

　　스페인어 동사는 '-ar, -er, -ir' 이렇게 세 가지 형태가 있고, 이들은 규칙 변화하는 '규칙 동사'와 불규칙 변화하는 '불규칙 동사'로 나뉩니다. 기초문장 100에서는 '현재 시제'일 때를 기준으로 스페인어 동사 변형을 학습하였고, 해당 내용을 정리하면 아래와 같습니다.

〈-ar, -er, -ir 동사의 규칙/불규칙 변화 한눈에 보기〉　　　　　　　　　(현재 시제 기준)

		-ar 동사	-er 동사	-ir 동사
규칙 변화	yo	-o		
	tú	-as	-es	
	él, ella, usted	-a	-e	
	nosotros/-as	-amos	-emos	-imos
	vosotros/-as	-áis	-éis	-ís
	ellos, ellas, ustedes	-an	-en	
불규칙 변화		① 1인칭 단수 주어(yo)에서 불규칙 변화 ② 완전 불규칙 변화 ③ 기타 : (ex) 동사의 어간이 바뀌는 경우		

〈기초문장 100에 등장한 주요 동사 한눈에 보기〉

규칙 동사	hablar, escuchar, enseñar, estudiar, trabajar, cocinar, desayunar, cenar, amar, bailar, pasear, viajar, invitar, visitar, llegar, comprar, preparar, nadar, fumar, comer, beber, correr, aprender, leer, vivir, escribir
불규칙 동사	hacer, ver, salir, conocer, saber, conducir, ser, estar, ir, venir, almorzar, jugar

① -ar 규칙 동사

[①-1] hablar / escuchar / enseñar / estudiar

	hablar 말하다	escuchar 듣다	enseñar 가르치다	estudiar 공부하다
yo	hablo	escucho	enseño	estudio
tú	hablas	escuchas	enseñas	estudias
él, ella, usted	habla	escucha	enseña	estudia
nosotros/-as	hablamos	escuchamos	enseñamos	estudiamos
vosotros/-as	habláis	escucháis	enseñáis	estudiáis
ellos, ellas, ustedes	hablan	escuchan	enseñan	estudian

[①-2] trabajar / cocinar / desayunar / cenar

	trabajar 일하다	cocinar 요리하다	desayunar 아침을 먹다	cenar 저녁을 먹다
yo	trabajo	cocino	desayuno	ceno
tú	trabajas	cocinas	desayunas	cenas
él, ella, usted	trabaja	cocina	desayuna	cena
nosotros/-as	trabajamos	cocinamos	desayunamos	cenamos
vosotros/-as	trabajáis	cocináis	desayunáis	cenáis
ellos, ellas, ustedes	trabajan	cocinan	desayunan	cenan

[①-3] amar / bailar / pasear / viajar

	amar 사랑하다	bailar 춤추다	pasear 산책하다	viajar 여행하다
yo	amo	bailo	paseo	viajo
tú	amas	bailas	paseas	viajas
él, ella, usted	ama	baila	pasea	viaja
nosotros/-as	amamos	bailamos	paseamos	viajamos
vosotros/-as	amáis	bailáis	paseáis	viajáis
ellos, ellas, ustedes	aman	bailan	pasean	viajan

[①-4] invitar / visitar / llegar / comprar

	invitar 초대하다	visitar 방문하다	llegar 도착하다	comprar 사다, 구입하다
yo	invito	visito	llego	compro
tú	invitas	visitas	llegas	compras
él, ella, usted	invita	visita	llega	compra
nosotros/-as	invitamos	visitamos	llegamos	compramos
vosotros/-as	invitáis	visitáis	llegáis	compráis
ellos, ellas, ustedes	invitan	visitan	llegan	compran

[①-5] preparar / nadar / fumar

	preparar 준비하다	nadar 수영하다	fumar 담배 피우다
yo	preparo	nado	fumo
tú	preparas	nadas	fumas
él, ella, usted	prepara	nada	fuma
nosotros/-as	preparamos	nadamos	fumamos
vosotros/-as	preparáis	nadáis	fumáis
ellos, ellas, ustedes	preparan	nadan	fuman

② -er 규칙 동사

[②-1] comer / beber / correr

	comer 먹다	beber 마시다	correr 달리다
yo	como	bebo	corro
tú	comes	bebes	corres
él, ella, usted	come	bebe	corre
nosotros/-as	comemos	bebemos	corremos
vosotros/-as	coméis	bebéis	corréis
ellos, ellas, ustedes	comen	beben	corren

[②-2] aprender / leer

	aprender 배우다	leer 읽다
yo	aprendo	leo
tú	aprendes	lees
él, ella, usted	aprende	lee
nosotros/-as	aprendemos	leemos
vosotros/-as	aprendéis	leéis
ellos, ellas, ustedes	aprenden	leen

③ -ir 규칙 동사

vivir / escribir

	vivir 살다	escribir 쓰다
yo	vivo	escribo
tú	vives	escribes
él, ella, usted	vive	escribe
nosotros/-as	vivimos	escribimos
vosotros/-as	vivís	escribís
ellos, ellas, ustedes	viven	escriben

④ 1인칭 단수 주어(yo)에서 불규칙 변화하는 동사

[④-1] hacer / ver / salir

	hacer 하다, 만들다	ver 보다	salir 나가다, 출발하다
yo	hago	veo	salgo
tú	haces	ves	sales
él, ella, usted	hace	ve	sale
nosotros/-as	hacemos	vemos	salimos
vosotros/-as	hacéis	veis	salís
ellos, ellas, ustedes	hacen	ven	salen

[④-2] conocer / saber / conducir

	conocer (경험을 통해) 알다	saber (지식, 정보 등을) 알다	conducir 운전하다
yo	conozco	sé	conduzco
tú	conoces	sabes	conduces
él, ella, usted	conoce	sabe	conduce
nosotros/-as	conocemos	sabemos	conducimos
vosotros/-as	conocéis	sabéis	conducís
ellos, ellas, ustedes	conocen	saben	conducen

⑤ 완전 불규칙 동사

ser / estar / ir

	ser ~이다	estar ~ 있다, ~이다	ir 가다
yo	soy	estoy	voy
tú	eres	estás	vas
él, ella, usted	es	está	va
nosotros/-as	somos	estamos	vamos
vosotros/-as	sois	estáis	vais
ellos, ellas, ustedes	son	están	van

⑥ 그 외 불규칙 동사

앞서 제시된 불규칙 동사 외에도 '동사의 어간이 바뀌는' 불규칙 동사도 존재합니다. 이에 대해
선 중급편에서 자세하게 다룰 예정이니 가볍게 읽고 넘어 가세요.

venir / almorzar / jugar

	venir 오다	almorzar 점심을 먹다	jugar 놀다, 경기/시합을 하다
yo	vengo	almuerzo	juego
tú	vienes	almuerzas	juegas
él, ella, usted	viene	almuerza	juega
nosotros/-as	venimos	almorzamos	jugamos
vosotros/-as	venís	almorzáis	jugáis
ellos, ellas, ustedes	vienen	almuerzan	juegan

기초문장 100에서 배웠던 주요 어휘 250여 개를 훑어보며 기억나지 않는 어휘들은 박스(□) 에 체크 표시를 한 뒤 복습하세요.

A

□	abuelo/-a	m.f. 할아버지, 할머니	p.181
□	aburrido/-a	지루한	p.065
□	academia	f. 학원	p.138
□	actor, actriz	m.f. 배우	p.053
□	ahí	거기	p.082
□	ahora	지금	p.169
□	alcohol	m. 술, 알코올	p.036
□	alegre	쾌활한	p.059
□	Alemania	독일	p.077
□	algo	무언가	p.114
□	allí	저기	p.082
□	alto/-a	키가 큰	p.058
□	amable	친절한	p.060
□	amar	사랑하다	p.034
□	año	m. 해, 연	p.117
□	aquel, aquella	저, 저것, 저 사람	p.076
□	aquí	여기	p.082
□	árbol	m. 나무	p.125
□	autobús	m. 버스	p.138
□	avión	m. 비행기	p.035

B

C

Ch

D

E

F

M

N

O

P

T

MEMO

MEMO

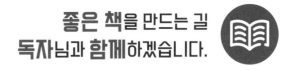

좋은 책을 만드는 길
독자님과 함께하겠습니다.

나의 하루 1줄 스페인어 쓰기 수첩 [기초문장 100]

초판5쇄발행	2024년 11월 20일 (인쇄 2024년 09월 10일)
초판1쇄발행	2020년 07월 24일 (인쇄 2020년 07월 10일)
발 행 인	박영일
책 임 편 집	이해욱
저 자	Yessi (권진영)
감 수	Daniel Serrano Carmona
편 집 진 행	시대어학연구소
표지디자인	조혜령
편집디자인	임아람 · 하한우
표지일러스트	이미경
발 행 처	시대인
공 급 처	(주)시대고시기획
출 판 등 록	제 10-1521호
주 소	서울시 마포구 큰우물로 75 [도화동 538 성지 B/D] 9F
전 화	1600-3600
팩 스	02-701-8823
홈 페 이 지	www.sdedu.co.kr
I S B N	979-11-254-7487-6(13770)
정 가	12,000원